Qué hacer cuando los adolescentes se deprimen y contemplan el suicidio

Dr. Steven Gerali

Qué hacer cuando los adolescentes se deprimen y contemplan el suicidio

Dr. Steven Gerali

Vida®

Especialidades Juveniles

La misión de Editorial Vida es ser la compañía líder en comunicación cristiana que satisfaga las necesidades de las personas, con recursos cuyo contenido glorifique al Señor Jesucristo y promueva principios bíblicos.

QUÉ HACER CUANDO LOS ADOLESCENTES SE DEPRIMEN Y CONTEMPLAN EL SUICIDIO
Edición en español publicada por
Editorial Vida – 2011
Miami, Florida

© 2011 por Steven Gerali

Traducción: *Patricia Marroquín*
Edición: *María Gallardo*
Diseño interior y cubierta: *Invisible Creature*
Adaptación interior y cubierta: *Luvagraphics*

ISBN: 978-0-8297-5991-4

CATEGORÍA: Ministerio cristiano/Juventud

IMPRESO EN ESTADOS UNIDOS DE AMÉRICA
PRINTED IN THE UNITED STATES OF AMERICA

11 12 13 14 15 ❖ 7 6 5 4 3 2 1

CONTENIDO

SECCIÓN 2:
Entendiendo cómo la teología se intersecta con el tema de la depresión y el suicidio adolescente

SECCIÓN 3:
Acciones prácticas para tomar en cuenta cuando los adolescentes se deprimen o contemplan el suicidio

SECCIÓN 4:
Recursos para luchar contra la depresión y el suicidio adolescente

INTRODUCCIÓN
SERIE DE LIBROS
«¿QUÉ HACER CUANDO...?»

¡Lee esto primero!

Es muy importante que leas esta Introducción. Esta serie de libros ha surgido luego de años de escuchar a profesionales y líderes juveniles luchando en medio de situaciones difíciles del ministerio. Por lo general, yo sé lo que se viene cuando la conversación comienza con: «¿Qué hago cuándo...?». Casi siempre la persona está buscando ayuda correctiva, pero muchas veces lo que no hay disponible es medidas preventivas para los temas que se abordan en esta serie de libros. Muchos de estos problemas no son objeto de una reflexión seria hasta que se dejan ver en la estructura misma del ministerio. Entonces sí los líderes de jóvenes, el personal de la iglesia, los padres e incluso los jóvenes luchan por conseguir algún tipo de entendimiento, de remedio, de apoyo, o por conocer la perspectiva teológica sobre la situación. Esta serie está diseñada para ayudarlos en eso.

Antes de que avancemos más, necesitas saber algunas cosas. En primer lugar, el hecho de leer estos libros y adquirir algunas habilidades para ayudar no te convierte en un consejero profesional ni en un doctor. En muchos casos tendrás que ayudar a los padres y a los jóvenes a contactarse con profesionales de la salud mental, profesionales del área médica, o, en algunos casos, con un abogado. A menudo la calidad de la atención que se recibe en lo referido a estos temas depende de la rápida respuesta de los profesionales que ayudan. Así es que, si no sacas nada más de esta serie, al menos quédate con esto:

Lo mejor que puedes hacer para ser una ayuda efectiva es entender que no eres un consejero capacitado y que debes derivar, derivar, derivar.

En segundo lugar, a menudo cuando los líderes de jóvenes se encuentran en la agonía de un problema, acuden rápidamente a la Internet para obtener ayuda e información. Investigar algo en línea puede llevar mucho tiempo, y puede proporcionar información poco fiable. Sin embargo, esta serie de libros está diseñada para proporcionar información confiable y que pueda ser comprendida rápidamente por cualquier persona que esté trabajando con adolescentes.

En tercer lugar, cada libro sigue un formato similar a los demás, el cual está diseñado para ayudarte a navegar a través de la información con mayor facilidad. Pero, y esto es lo más importante, también te brinda un modelo para ayudarte a tratar con el tema en cuestión.

Los libros «¿Qué hacer cuándo...?» se dividen en las siguientes cuatro secciones:

Sección 1:
Entendiendo el tema o el problema que se presenta

Cada libro comenzará con una *epistemología* del tema. (En otras palabras, con el conocimiento respecto de su naturaleza y alcance). Muchos líderes de jóvenes formulan sus opiniones, creencias e ideas basándose en información errónea que se ha ido pasando a través de la vid... a menudo sin darse cuenta que la vid tiene la raíz podrida. La información equivocada puede cambiar el curso de nuestras acciones de tal forma que incluso puede hacernos perder el punto. Y muchas veces nuestros «errores» pueden resultar destructivos para un adolescente que ya se encontraba luchando con un problema doloroso.

No podemos pretender guiar a un joven a la verdad de las Escrituras si partimos de un fundamento que está construido sobre mentiras o engaños. Debemos estar informados, tratando de entender el problema que se presente con una actitud de aprendices y con un espíritu enseñable. En algunos casos, estos libros pueden proporcionar tan solo la información básica sobre determinado tema. Pero esperamos que sea suficiente como para crear una base sólida que brinde dirección a las futuras investigaciones en fuentes confiables.

Sección 2:
Entendiendo cómo la teología se intersecta con el tema o el problema que se presenta

Cada libro también incluirá al menos un punto de vista teológico referido a la situación. Sin embargo, por favor ten presente que mi plan es ofrecerte puntos de vista teológicos diferentes, provenientes de múltiples perspectivas, para que conozcas las variadas voces teológicas que los jóvenes y sus familias escuchan. Algunas de estas voces puede que no concuerden con tu visión particular, pero es importante que desarrolles un corazón lleno de gracia, amor y comprensión. Ten en cuenta que estás tratando con personas desesperadas, que sufren, que están heridas, y que —en medio de su dolor y de su lucha— están buscando gracia y esperanza, no a alguien con respuestas teológicas sobre el asunto.

Me doy cuenta de que hay un peligro en escribir así. Cada vez que el campo de juego está nivelado —en otras palabras, cuando el marco teológico que hemos interiorizado se ve desafiado, o cuando alguien da un punto de vista teológico opuesto— rápidamente puede convertirse en un campo de batalla en el cual sentimos que debemos defender la verdad. Yo creo que la verdad trae libertad (Juan 8:32). Pero recordemos que los fariseos creían haber acaparado el mercado de la verdad simplemente porque sostenían una rígida interpretación de las Escrituras, y sin embargo, no pudieron escuchar la voz de Dios en otros... especialmente en el Mesías.

En cierta oportunidad un querido amigo mío confrontó a un grupo de estudiantes al preguntarles: «¿La interpretación que ustedes tienen de las Escrituras es siempre correcta?».

Los chicos sabían que si respondían afirmativamente, entonces se habrían puesto a sí mismos como la fuente de la infalibilidad. Así que respondieron: «No, nadie puede estar en lo correcto todo el tiempo».

Después mi amigo les preguntó: «¿En qué áreas están equivocados?».

Su sabiduría durante esa confrontación amorosa ayudó a esos chicos a darse cuenta de que, a menos que ellos abordaran de manera abierta y generosa las perspectivas teológicas de los demás, nunca sabrían si sus propias perspectivas estaban incompletas. Nuestro objetivo al ayudar a los chicos cuando están atravesando problemas difíciles es que involucren a Cristo en sus situaciones. Puede que muchas veces no lo logremos con respuestas, sino con nuestra presencia, afecto, apoyo y comprensión.

Recuerdo una situación en la que mi querida, dulce e italiana madre estaba sufriendo por una joven pareja que había caído en pecado sexual (ella y mi padre habían mentoreado a esta pareja). Las acciones disciplinarias de la iglesia fueron duras y deshonrosas. De modo que, aunque la iglesia había actuado con justicia, había fracasado en ver otras perspectivas teológicas que se relacionaban con esta situación, tales como la teología de la reconciliación, la gracia, la confesión y la absolución. En la conversación con mi madre la escuché hablar de estas cosas porque ella también se había hecho parte del proceso y del dolor de esta joven pareja, y se rehusaba a aplicar un molde inamovible para tratar con el problema «de la forma correcta». En lugar de eso, decidió abordar el problema primero de la forma buena y amorosa.

Es importante recordar que muchas veces tener la razón no es sinónimo de ser bueno. Dios ha llamado a su pueblo a ser buenos (Mateo 5:16, Efesios 2:10, 1 Timoteo 6:17-19), no siempre a ser «justos». Eso no significa que ignoremos la verdad, ni tampoco significa que minimicemos la autoridad de las Escrituras. Simplemente significa que debemos ser increíble y terriblemente cuidadosos de que, si erramos, hacerlo para el lado de lo que es amoroso y bueno. Luchar por comprender los diferentes puntos de vista teológicos, aunque inicialmente no estemos de acuerdo con ellos, nos mantendrá pendientes de ser amorosos y bondadosos.

Sección 3:
Evaluando qué acciones podemos realizar

Cuando entendemos un tema o un problema, debemos ir más allá de lo teológico y evaluar las medidas apropiadas. Eso puede significar cualquier cosa, desde investigar más, hasta buscar soluciones en forma desesperada. En esta tercera sección trataré de darte un marco de acción, incluyendo ejemplos prácticos, aplicaciones y consejos. Esto solo será el esqueleto de un plan que debes hacer propio, ajustándolo para que se adapte a lo singular de tu situación. Rara vez existe una sola acción prescrita para un problema... cada situación es única debido a las personas que están involucradas.

A lo largo de los años he visto a muchos líderes de jóvenes intentando usar libros del ministerio juvenil como si estuvieran utilizando un manual para ensamblar una bicicleta. Suponen que al poner aquel tornillo en ese hoyo, entonces tal parte operará correctamente. Asimismo, esperan que al aplicar cierto consejo de un libro arreglarán al chico o la situación. ¡Si tan solo la vida fuera así de fácil!

Cada ejemplo provisto en esta serie de libros surge de mis años de ministerio y experiencia clínica, de los aportes por parte de personas de Dios, y de resultados comprobados. Pero no son soluciones infalibles. Dios desea estar íntimamente involucrado en la vida de los jóvenes y de sus familias cuando ellos confían en Dios en medio de sus momentos difíciles. No existe una «fórmula arréglalo todo»... solo la fidelidad. Así que, a medida que sigues algunas de las directrices o pasos de acción presentados en estos libros, recuerda que debes buscar a Dios en oración para la resolución de los problemas.

Sección 4:
Recursos adicionales

En esta sección ofreceré algunos recursos fiables para obtener más ayuda. Estos sitios de Internet, libros y organizaciones pueden serte útiles a la hora de movilizar ayuda para los jóvenes y sus familias. Espero que esto te ahorre muchas horas de búsqueda, para que las puedas invertir mejor en tus jóvenes y en sus familias.

Cuando sea necesario, también te proporcionaré un breve comentario o una descripción de la fuente. Por ejemplo, algunas fuentes servirán para explicar una perspectiva teológica diferente de la corriente principal. Esto te ayudará a estar informado antes de que salgas corriendo a comprar el libro o a buscar algún sitio Web.

Confío en que esta serie de libros te ayudará en el cuidado crítico de los adolescentes y sus familias. Dios te ha puesto en el frente de batalla de cuidar, pastorear y entrenar a personas que son muy amadas por él y valiosas para su corazón. La forma en que respondas a cada persona que esté involucrada en estos problemas críticos puede tener consecuencias eternas. Mi oración es que todos los que lean estos libros sean capacitados en una nueva forma de involucrar a Jesús, de manera más profunda y práctica, en las vidas de los preciosos adolescentes.

SECCIÓN 1
ENTENDIENDO LA DEPRESIÓN
Y EL SUICIDIO

1.1 DEFINICIÓN Y ALCANCE

La familia Raymond comenzó a venir a nuestra iglesia el año pasado. Christy Raymond estaba en su tercer año de secundaria y su hermano menor, Justin, era un estudiante de primer año. La familia siempre había vivido en nuestra comunidad, y ellos (junto con otro grupo de familias) comenzaron a asistir a nuestra iglesia cuando su iglesia se fusionó con la nuestra.

Ambos, Christy y Justin, se involucraron en nuestro ministerio juvenil. Allí tenían muchos amigos, asistían a la misma escuela con un grupo de chicos, y se involucraron en otras actividades en la comunidad. Parecían estar muy bien conectados.

Los Raymond eran una familia muy estable y cariñosa. Ellos alentaban, disciplinaban, estaban comprometidos y participaban activamente en las vidas de sus dos hijos adolescentes. Los animaban a perseguir aquellas cosas por las que sentían pasión, a desarrollar sus talentos, y a disfrutar de la vida. Ellos tenían una perspectiva muy realista, animando a sus hijos a hacer su mejor esfuerzo, pero sin sobre exigirles demasiado.

La Sra. Raymond nos ayudó brindándonos alimentos y transporte cuando nuestro ministerio de jóvenes lo necesitaba. El Sr. Raymond estuvo con nosotros tantas veces como pudo y fue un gran apoyo para el ministerio de jóvenes. Juntos abrieron su hogar a los adolescentes y al ministerio de jóvenes, y establecieron límites muy saludables tanto para sus propios hijos como para quienes frecuentaban su casa.

Christy era una joven vivaz, enérgica, y relacionalmente participativa. Ella amaba a Jesús y planeaba vivir la vida al máximo.

Era activa en todo, desde los deportes hasta la preocupación por el tema social. Bastaban solo algunos minutos cerca de ella para darse cuenta de que esta chica se convertiría en una gran mujer. Christy se involucró en un grupo pequeño y se convirtió en una fuerza motivadora para la cohesión del grupo y el crecimiento espiritual de las otras chicas. La líder de su grupo pequeño amaba tener a Christy con ella.

Justin parecía ser la cara opuesta del espejo de su hermana y su familia. Él era irritable. Parecía como si odiara a todo el mundo. Era irrespetuoso, pesimista, y a menudo parecía estar en otro mundo. Chuck, el líder de su grupo, hizo hasta lo imposible para conectarse con Justin, pero todas las conversaciones fueron una lucha cuesta arriba.

Lo único que parecía interesar a Justin eran los deportes. Se pasaba horas frente al televisor viendo partido tras partido. Justin también era un gran atleta, por lo que su padre lo animó a involucrarse en algún deporte en la escuela, con la esperanza de que su hijo cambiara esa forma negativa de mirar la vida. Justin comenzaba bien en todos los deportes. Sus entrenadores invertían mucho tiempo en él (aunque algunos no soportaban su negatividad) y se asombraban con su capacidad natural. Pero luego de un par de semanas de práctica en cada temporada, Justin se marchaba. Pero no se lo contaba a sus padres, sino que simulaba seguir en las prácticas.

Una noche, al terminar la reunión de jóvenes, Chuck me llevó a un lado y me dijo: «Justin está destruyendo mi grupo pequeño. Él es muy negativo, y no hay forma de que pueda conectarme con él. Siento como si estuviera dándole el triple de energía y mayor atención que a cualquier otro chico de mi grupo. Realmente creo que algo anda mal. ¿Qué debo hacer?».

Justin tenía un trastorno distímico. En otras palabras, tenía depresión crónica. Sus padres pensaban que esto era solo una etapa de angustia adolescente... hasta que Justin comenzó a verbalizar y a escribir acerca de sus ideaciones mórbidas sobre la muerte. De inmediato buscaron ayuda para su hijo.

Tal vez tú te encuentres en el mismo lugar que Chuck, tratando de ayudar a un adolescente difícil, pero consciente de que estás llegando al final de tus posibilidades. Tal vez tienes a un adolescente como Justin en tu grupo.

La depresión adolescente es compleja y difícil de diagnosticar. Puede ser agotadora para los padres y para los líderes de jóvenes. Puede ser mortal para los adolescentes que experimentan constantemente dolor emocional, desesperanza y tristeza. Esta desesperación puede llevar a los adolescentes a creer que la única salida es la muerte. La buena noticia es que la depresión en los adolescentes puede ser tratada, y que los adolescentes deprimidos pueden llegar a vivir una vida feliz y productiva.

Este libro te ayudará a entender la depresión adolescente y sus diversas formas, así como también te dará algunos puntos de referencia teológicos que pueden ayudar en tus interacciones con los adolescentes deprimidos y sus familias. Mi deseo es darte también algunos pasos efectivos para cuando te enfrentes con la pregunta: «¿Qué hago cuando los adolescentes están deprimidos y contemplan el suicidio?».

1.1a DEPRESIÓN

La depresión es probablemente una de las luchas más comunes y predominantes con las que los jóvenes tienen que lidiar en el transcurso de su adolescencia. Sin embargo, la mayoría de los líderes de jóvenes no saben mucho sobre la depresión adolescente, o sobre cómo ayudar a un adolescente que está sufriendo de esta forma. Muchas personas, incluyendo a los padres y a los líderes de jóvenes, la desestiman como una parte de la montaña rusa hormonal-emotiva provocada por esta etapa del desarrollo. Sin embargo, la depresión es un desorden «afectivo», y aunque puede sonar aterrador, es preciso señalar que todas las personas experimentan alguna forma de depresión durante el transcurso de sus vidas.

En su forma más leve, la depresión es tan común como un resfriado. Los profesionales de la salud estiman que uno de cada ocho adolescentes estadounidenses sufre de algún tipo de depresion[1]. Eso es más de 3.500.000 de adolescentes. Y esta es solo una estimación basada en los casos diagnosticados de depresión.

Es probable que muchos más jóvenes experimenten alguna forma de depresión de lo que las estadísticas revelan. Las estimaciones pueden ser bajas porque, como se señaló anteriormente, la depresión adolescente a menudo es tomada en cuenta como parte de la inmadurez emocional normal en la adolescencia. También puede que no aparezca en ningún reporte porque el adolescente no tenga la capacidad para describir sus sentimientos. Cuando se les preguntó, puede que hayan respondido que no sabían qué era lo que sentían, o simplemente que se sentían... mal. La depresión, o cualquier otra forma de tristeza, a menudo son reinterpretadas como una forma de angustia.

En particular los varones a menudo carecen de la percepción emotiva que las chicas suelen tener ya desarrollada. Una chica también posee habilidades verbales de las que a menudo un adolescente varón carece. Esta combinación hace que sea más fácil para una chica adolescente identificar y verbalizar sus sentimientos. Además, puede que un varón adolescente no diga que se siente triste o deprimido porque la tristeza es percibida como una debilidad emocional. Los chicos por lo general han sido criados para abrazar la valentía masculina que dice que hay que estar siempre en control de los sentimientos.

Lo que lo hace más difícil todavía es el hecho de que la palabra depresión tiene muchos significados diferentes en nuestra sociedad. Los adolescentes la usan como una descripción de la decepción («Me sentí muy deprimida cuando cancelaron la excursión que íbamos a realizar»), o para señalar experiencias negativas («Hoy fue un día deprimente»), o como un acto de empatía («Esa es una noticia muy deprimente»).

Debido a que las chicas están en mayor contacto con sus emociones que los chicos, a menudo se cree que las adolescentes sufren más de depresión que los chicos adolescentes. En realidad, la depresión afecta a todos los adolescentes sin distinción de sexo, etnia, raza o nivel socioeconómico. Los adolescentes deprimidos, además, tienen un riesgo mayor de caer en otras cuestiones como abuso de sustancias, peleas en la escuela y en el trabajo, problemas relacionales, conflictos y conductas antisociales, conductas sexuales riesgosas y suicidio.

Muchos de los adolescentes en nuestros ministerios luchan con la depresión. Pero una vez más, la buena noticia es que la depresión puede ser tratada con éxito. Por lo tanto, los líderes juveniles deben conocer los datos, las señales y los síntomas de la depresión en los adolescentes para poder referir a los adolescentes y a sus familias a consejeros o a profesionales de la salud.

1.1b FISIOLOGÍA DE LA DEPRESIÓN ADOLESCENTE

Ciertas sustancias químicas del cerebro, llamadas neurotransmisores, son la causa fisiológica de la depresión. El sistema límbico del cerebro es el responsable del control de las emociones, de las respuestas al estrés (fisiológicas y emocionales), y de los impulsos y deseos físicos y sexuales. El sistema límbico fabrica neurotransmisores, específicamente seratonina, norepinefrina y dopamina, todos los cuales ayudan a regular el estado de ánimo y las emociones. Estos químicos son los responsables de la transferencia de información en forma de impulsos eléctricos desde y hacia los cien billones o más de neuronas o células nerviosas en todo el cerebro. Cada vez que procesamos mentalmente cualquier cosa, estas neuronas son estimuladas por los impulsos eléctricos que viajan a través de ellas en un tiempo equivalente a 1/15.000 de segundo. Esto permite que nuestro cerebro reaccione rápidamente a los estímulos y produzca el pensamiento y la emoción. El impulso eléctrico es recogido por la dendrita (uno de los largos y delgados brazos de la neurona), viaja por el cuerpo de la neurona, y después hacia el axón, donde es convertido en una sustancia química o neurotransmisor. Luego el neurotransmisor lleva el impulso a través de la sinapsis (el espacio entre las neuronas) a los receptores en las dendritas de otra neurona, donde se vuelve a convertir en un impulso eléctrico nuevamente. Los receptores de las dendritas son como cerraduras que solo reciben a ciertos tipos de llaves neurotransmisoras. Si la llave equivocada llega a determinada cerradura, puede ocurrir un desequilibrio y entonces el receptor rechazará al neurotransmisor. Luego, o bien permanecerá en estado latente en las sinapsis, donde será descompuesto por otros químicos, o bien será enviado de vuelta a la neurona que lo liberó (proceso conocido como «recaptación»).

La producción de ciertos neurotransmisores, y este desequilibrio químico, pueden causar ciertos cambios de humor e incluso depresión. Estos resultados negativos son difíciles de controlar porque se deben a causas y efectos reflexivos: El pensamiento y el comportamiento pueden afectar a esta química cerebral, y la química cerebral puede afectar el pensamiento y el comportamiento. Este círculo vicioso puede salirse de control y llevar al individuo a una depresión mayor. Es por este motivo que los antidepresivos o los inhibidores de la recaptación, así como también la psicoterapia, son fundamentales para tratar eficazmente una depresión profunda. Además, los adultos y los adolescentes procesan la actividad neurológica de manera muy diferente. A lo largo de un día normal en la vida un adulto, este recibe la información y los estímulos a través de sus sentidos. Esta información es transformada en corrientes eléctricas en el cerebro, produciendo el pensamiento y el comportamiento, y afectando el estado de ánimo. Estos pensamientos y comportamientos también afectan la emoción, creando un ciclo de procesos. Por ejemplo, alguien te puede informar que tu gato fue atropellado por un auto. Inmediatamente respondes con alegría, porque odiabas a ese gato, o puedes sentirte triste pero no devastado, porque solo era un gato, o puedes sentir una profunda pena porque el gato era parte de tu familia. La forma en que respondas se deberá en gran parte a los tipos de neurotransmisores que haya en tu cerebro, al flujo desinhibido que tengan y al proceso de pensamiento por el que atravieses. Por ejemplo, si procesas esa noticia a la ligera, te producirá una emoción triste, pero no depresiva; momentos más tarde podrás responder a otra situación con alegría o con otras emociones variadas.

Sin embargo, para un adolescente, este flujo y reflujo emotivo tiene un alcance más amplio y una oscilación más volátil. Esto se debe al hecho de que los adolescentes no son tan maduros cognitivamente. No procesan la información y las emociones tan rápido porque no tienen la capacidad de razonamiento abstracto ni las experiencias de vida de un adulto. Si una adolescente escucha que el gato murió, esto puede causarle una gran angustia, aunque en vida el gato haya sido insignificante para ella. Puede que el cerebro de esa chica haga detonar un efecto de avalancha, el cual hará que experimente un mayor rango de emociones.

Así, mientras que los adultos pueden tener una serie de emociones negativas y positivas en un día, y el número de emociones negativas puede superar a las positivas (o viceversa), un día emocionalmente negativo no hace a un adulto emocionalmente disfuncional. Para los adolescentes, en cambio, la oscilación emotiva puede ser mayor y durar mucho más tiempo. Incluso puede durar varios días. Esto, sin embargo, no significa que el adolescente esté experimentando depresión.

Los padres y los líderes de jóvenes deben entender que las emociones adolescentes se encuentran en un estado exagerado. Pero, de nuevo, esto hace que la depresión sea muy difícil de diagnosticar, ya que es difícil distinguirla de los aspectos normales de la etapa de desarrollo del adolescente.

Entre los factores que pueden afectar la química del cerebro también se incluyen la herencia, las cuestiones estresantes de la vida, los patrones de pensamiento negativo, ciertas enfermedades, los medicamentos, el alcohol y el abuso de drogas, la falta de exposición a la luz solar, y los cambios ambientales y hormonales. Como es sabido, los adolescentes son fábricas de hormonas. El hipotálamo (en el cerebro) es el puente entre el sistema límbico y el sistema endocrino. El hipotálamo activa directamente la glándula pituitaria, que enlaza un eje pituitario-hipodálmico-gonadal (HPG), todos los cuales inician y mantienen la producción de muchas hormonas. En los adolescentes, las hormonas conocidas como gonadotropinas (estrógeno, progesterona y testosterona) dan inicio al proceso de la pubertad y la maduración sexual. Estas hormonas, junto con muchas otras, son liberadas al flujo sanguíneo. Las hormonas que no controlan el desarrollo e impulso sexual ayudan para que el cuerpo regule las reacciones frente al estrés. El sistema endocrino monitorea constantemente la producción de estas hormonas.

Si algún nivel hormonal se eleva demasiado, el sistema endocrino da la señal de cerrarse a la glándula que lo produce. Esto se puede comparar con el interruptor de un circuito. Sin embargo, este proceso de señalización a menudo puede fallar cuando la persona está en un estado de depresión. Esta irregularidad hormonal puede producir depresión y reacciones físicas al estrés, tales como trastornos en el sueño y el apetito. Debido a que el hipotálamo une al sistema límbico y al endocrino, utiliza neurotransmisores en el rol de producción hormonal mientras que también regula la glándula pituitaria y otras glándulas del sistema endocrino. Si los neurotransmisores se desequilibran, también pueden afectar a las hormonas. Es cierto que los adolescentes con una sobrecarga de hormonas no están necesariamente en un estado de depresión. La producción extrema de hormonas puede afectar los cambios exagerados de estado de ánimo de los adolescentes, pero no los mantendrá encerrados en un estado depresivo. Sin embargo, la depresión adolescente puede verse afectada cuando ciertas hormonas no están reguladas (o lo están en exceso) junto con otras hormonas.

Esto puede parecer demasiada información científica para digerir. Pero es importante que los padres y los líderes de jóvenes entiendan los factores fisiológicos de la depresión en los adolescentes para que también entiendan el papel que los medicamentos antidepresivos pueden desempeñar en ayudar a regular los desequilibrios químicos que conducen a la depresión adolescente.

Para que quede claro, los antidepresivos a menudo cargan con un estigma negativo, ya que son vistos como medicamentos adictivos que tienen efectos dañinos. Esto no es cierto. De hecho, para algunas personas estos medicamentos ofrecen el mismo servicio en la regulación de la depresión que el que la insulina tiene en la regulación de la diabetes. Ambas enfermedades son el resultado de deficiencias químicas en el cuerpo. Si el cuerpo es incapaz de producir los químicos necesarios, entonces ellos deben ser introducidos a través de la medicación. En el caso de los antidepresivos, las personas afectadas no necesitan tomarlos toda su vida. Por ejemplo, si un antidepresivo impulsa la producción y el balance de los neurotransmisores, entonces se puede disminuir el medicamento y después directamente prescindir de él. Si se baja la dosis de antidepresivos y el estado depresivo subsiste, esto indica que el cerebro aún no está produciendo los neurotransmisores necesarios. He hablado con muchos padres que tienen una percepción sesgada respecto de los antidepresivos. Se niegan a que sus hijos adolescentes tomen medicamentos por temor a que se convertirán en chicos con la mente alterada. A menudo les sugiero que acudan a psiquiatras, ya que ellos pueden regular dosis adecuadas. Pero, al igual que la percepción negativa acerca de los antidepresivos, la idea de llevar a su hijo adolescente a un psiquiatra les produce la misma carga. Muchos padres creen que los psiquiatras son solo para personas que están locas o que tienen profundos problemas mentales, y entonces llevan a sus hijos a su médico de cabecera o, en su lugar, al pediatra. Si bien los pediatras están autorizados para administrar antidepresivos, a menudo no están capacitados o calificados para hacer el diagnóstico correcto o para regular los medicamentos adecuados y las dosis necesarias para la salud mental de los adolescentes. Esta es la razón por la cual tantos adolescentes que toman antidepresivos prescritos por sus médicos de cabecera se muestran letárgicos y sedados. Acudir a un médico calificado que se especialice en psiquiatría adolescente es el mejor camino a seguir. La consejería y los antidepresivos, equilibrados y en conjunto, pueden combatir los factores fisiológicos y los patrones de pensamiento distorsionados que causan la depresión.

1.1c MITOS SOBRE LA DEPRESIÓN ADOLESCENTE

I. ES SIMPLEMENTE PARTE DE LA ADOLESCENCIA.

Este mito se basa en la premisa de que los adolescentes siempre están en una montaña rusa emocional, por lo tanto ellos no pueden deprimirse, o por el contrario, están siempre deprimidos. Sin lugar a dudas es cierto que los adolescentes a menudo están de mal humor, por lo que la depresión bien puede ser confundida con parte de ese mal humor. Pero esa misma oscilación emocional provocada por el proceso de desarrollo puede también ocultar la gravedad de la depresión de un adolescente. La depresión adolescente es un problema grave, y no debe ser vista como una etapa de la que pronto los chicos saldrán.

II. ES PARTE DE UNA ANGUSTIA CULTURALMENTE INDUCIDA.

En otras palabras, los adolescentes están condicionados por la cultura para sentirse enojados, apáticos y deprimidos, y solo están actuando los roles y el guión esperado. Antes de la década de 1950, la comunidad de profesionales de la salud mental creía que ni los niños ni los jóvenes podrían experimentar la amplitud de emociones que experimentan los adultos. Estas conclusiones se basaban en las opiniones psicoanalíticas acerca de que el ego del adolescente (o su identidad) no se encuentra aún desarrollado, y por lo tanto es incapaz de formular emociones más complejas. Como resultado, la depresión en los adolescentes fue vista como un comportamiento imitado o aprendido. Muy por el contrario, la depresión no se encuentra dentro del repertorio de las conductas culturales que los adolescentes tratan de emular. La depresión en los adolescentes es un problema real y crítico que no debe tratarse a la ligera. Los adolescentes son muy capaces de sentir una gama completa de emociones, incluyendo la profundidad de la depresión.

III. NO ES TAN MALO COMO PARECE, PORQUE LOS ADOLESCENTES EXAGERAN.

La exageración puede de hecho ser parte de los comportamientos extremos que a menudo vienen con la adolescencia. Están aquellos chicos que buscan llamar la atención y otros que son histriónicos. Pero este mito es peligroso, ya que minimiza la gravedad de la depresión en los adolescentes. Muchos de los padres que han experimentado el suicidio de sus hijos a menudo confiesan que no creían que su depresión fuera tan grave como sus hijos la hacían parecer. Minimizar el dolor de un adolescente, o, para el caso, el dolor de cualquier persona, es una práctica necia. Comentarios como «Realmente no es tan malo» o «Las cosas estarán mejor mañana» desestiman los sentimientos de dolor y tristeza que el chico siente… y erosionan la esperanza y la confianza del adolescente. Esto puede sumir a un adolescente en una depresión aun más profunda. Por lo tanto, la depresión debe ser tratada seriamente, incluso si un adolescente está en realidad fingiendo.

IV. LOS ADOLESCENTES TE AVISARÁN SI ESTÁN DEPRIMIDOS.

Muchas veces, después del suicidio de un adolescente, sus amigos y sus padres están sorprendidos porque no lo vieron venir. Los adolescentes pueden sufrir de depresión muy grave sin jamás comunicar lo que sienten. Puede que no tengan las habilidades cognitivas para sacar a la luz la complejidad de los sentimientos negativos que están experimentando. Además de esto, los adolescentes varones no suelen desarrollar el vocabulario emocional y la intuición tan rápido o tan bien como las adolescentes mujeres. Por lo tanto, un chico adolescente sufre un riesgo mayor si es supervisado por alguien que se aferra a este mito. ¡Puede que los adolescentes no sean capaces de decirte que están deprimidos! Por este motivo, es vital que los líderes de jóvenes y los padres aprendan a reconocer las señales de advertencia de la depresión en los adolescentes.

V. ES UNA DEBILIDAD ESPIRITUAL EN EL ADOLESCENTE.

Algunos de los que sostienen este mito creen que la depresión tiene su origen en la falta de fe, en el pecado, o en una relación rota con Dios. Algunos también creen que las enfermedades y dolencias son consecuencia de una condición espiritual débil. Más adelante en este libro vamos a examinar lo que la teología puede aportar a nuestros puntos de vista sobre la depresión.

VI. LOS ADOLESCENTES DEPRIMIDOS TIENDEN A SER SOLITARIOS.

En la base de este mito está la creencia de que los adolescentes que tienen amigos no se deprimen, ¡solo se deprimen los solitarios! No existen estadísticas que validen la idea de que entre los adolescentes (o los adultos) con una gran red de contactos haya menos casos de depresión que entre aquellos que tienen pocos o ningún amigo. El hecho real es que incluso los adolescentes que tienen una gran red de relaciones pueden experimentar una depresión severa. Es cierto que retraerse y aislarse puede ser un síntoma de depresión, pero también es cierto que algunos chicos pueden seguir conectados con sus amigos y estar escondiendo mucho dolor emocional.

VII. EL «AMOR FIRME» PUEDE HACER QUE UN ADOLESCENTE SALGA DE LA DEPRESIÓN.

La depresión puede ser agotadora para todo el mundo. Muchos padres y líderes de jóvenes pierden la paciencia con los adolescentes deprimidos, y creen que una táctica efectiva es aumentar las sanciones para que los chicos «deseen echar fuera» su depresión. La premisa que impulsa este mito es que la depresión es un acto de la voluntad: los adolescentes están deprimidos porque eligen estarlo, y por lo tanto pueden elegir no estar deprimidos. Entonces se utiliza el amor firme con la intención de quebrantar la voluntad del adolescente, para sacarlo de ese estado melancólico. Ahondaremos más en este pensamiento erróneo cuando examinemos algunos consejos para ayudar a las familias que tienen adolescentes deprimidos. Por ahora, debemos entender que los adolescentes deprimidos no eligen tener depresión, así como tampoco pueden simplemente desear que se vaya. Las sanciones contra los adolescentes deprimidos solamente pueden empujarlos hacia una depresión más profunda, al validar sus sentimientos de anormalidad, falta de amor y valor disminuido. Un enfoque con el estilo de «amor firme» o «mano dura» puede ser también la última variable que empuje al adolescente hacia el suicidio.

VIII. LOS ANTIDEPRESIVOS SON PERJUDICIALES PARA LOS ADOLESCENTES.

Una rápida búsqueda en la Internet pone en evidencia todo tipo de falsas declaraciones que aumentan los temores respecto de los antidepresivos. Hace poco apareció un rumor basado en un estudio que aparentemente había identificado los pensamientos suicidas como un efecto secundario del uso de antidepresivos entre adolescentes y niños. Esto intensificó el temor de muchos padres que creían que los antidepresivos no eran seguros para los adolescentes. Aunque es cierto que para cualquier medicamento existen riesgos y efectos secundarios, esto no quiere decir que todas las personas experimentarán esos efectos. La depresión no tratada pone a los adolescentes frente a un riesgo de suicidio mayor aun.

1.1d SÍNTOMAS COMUNES Y SEÑALES DE ADVERTENCIA DE LA DEPRESIÓN ADOLESCENTE

Hay una serie de síntomas ante los cuales tanto los padres como los líderes de jóvenes deben estar alertas, ya que son indicadores de algún tipo de depresión. El grado en que estos síntomas se presenten puede indicar el grado de depresión que está sufriendo un adolescente.

DISPOSICIÓN EMOCIONAL:

Los adolescentes deprimidos a menudo tienen profundos sentimientos de tristeza, desesperación, desesperanza, culpa, vergüenza, baja autoestima, ira, miedo, y también se sienten heridos, no amados e irritables.

PISTAS VERBALES:

A menudo las señales escritas y expresadas oralmente son las mejores pistas para los adultos respecto de la desesperación que están experimentando los adolescentes deprimidos. Las señales verbales también son buenos indicadores de los patrones de pensamiento y de la autopercepción que tienen los adolescentes.
- *«Nadie me quiere».*
- *«Algo malo va a suceder».*
- *«Nunca voy a ser feliz nuevamente».*
- *«La vida apesta... soy un perdedor».*
- *«Simplemente no quiero salir nunca más de la cama».*

PISTAS DEL COMPORTAMIENTO:

Aislarse y alejarse de los amigos y familiares, romper en llanto o llorar constantemente, explotar fácilmente, molestarse o enojarse, abatirse y pasar horas delante del televisor, no completar las tareas escolares u otras tareas o responsabilidades, tener dificultad para recordar cosas, y cuestiones similares, son algunos de los comportamientos de un adolescente deprimido.

CAMBIOS EN LOS PATRONES DE SUEÑO:

Estos se pueden presentar de dos formas: ya sea durmiendo más (por períodos de tiempo más largos o más frecuentemente durante el día), o durmiendo menos (por períodos de tiempo más cortos, marcados por el insomnio, o despertando con frecuencia durante la noche). Este último caso tiende a ser más común entre los adolescentes deprimidos. También pueden mostrar signos de constante fatiga y letargo, falta de energía y de motivación. Pueden hacer comentarios acerca de tener una sensación de pesadez sobre ellos.

CAMBIOS EN LOS PATRONES DE ALIMENTACIÓN:

Estos pueden ir en cualquier dirección. Los adolescentes deprimidos pueden experimentar una pérdida del apetito y no comer nada en absoluto. Esto se puede evidenciar en la rápida pérdida de peso. O, por el contrario, puede que se den atracones de comida y comiencen a subir de peso. Otros cambios en los patrones de alimentación pueden incluir comer más comida chatarra, sentir náuseas por los olores o por pensar en comida, o comer en momentos atípicos.

CAMBIOS EN LA APARIENCIA:

Una forma común en que suele evidenciarse la depresión es cuando al parecer que los adolescentes ya no se preocupan más por su aseo e higiene. Adolescentes deprimidos, que alguna vez fueron meticulosos con su apariencia, no se duchan, ni peinan su cabello, ni usan desodorante, ni se cepillan los dientes. Puede que deseen permanecer con la misma ropa durante días, e incluso dormir con ella. La depresión en los adolescentes también podría evidenciarse en la apariencia de sus dormitorios. Puede que cuelguen afiches mórbidos, o letras de canciones y poemas deprimentes, o que deseen pintar sus paredes de negro. También puede que usen ropa negra, maquillaje (o nada de maquillaje en absoluto) y accesorios negros. Aunque lo gótico es un estilo que algunos adolescentes no deprimidos y en perfecto estado de salud adoptan, puede convertirse en un imán para los adolescentes deprimidos. Ellos también pueden mostrar un interés repentino en perforarse (hacerse un piercing), o marcarse, o tatuarse. Si bien estas pueden ser cuestiones de moda aceptables, debemos tener en cuenta que los adolescentes deprimidos a menudo se inclinan por experimentar un persistente dolor físico para sacar de sus mentes el dolor emocional.

CONDUCTAS RIESGOSAS:

Los adolescentes deprimidos a menudo buscan la forma de escapar. Pueden intentar de todo, desde una inyección de adrenalina para distraer sus mentes de la depresión (por ejemplo, conducir velozmente, tener actividad sexual sin protección, robar en tiendas, u otras actividades ilegales), hasta infligirse algún tipo de dolor físico para tapar la depresión (por ejemplo, cortarse, quemarse, tirarse del pelo, etc.), o también pueden intentar anestesiar el dolor de la depresión (por ejemplo, experimentando con —o usando y abusando de— las drogas y el alcohol).

ANHEDONIA:

Esta es la incapacidad para obtener cualquier tipo de placer de cualquier cosa. Los adolescentes deprimidos no pueden encontrar deleite en las cosas que disfrutaban en el pasado, y parecen no apasionarse por nada. Incluso cosas como la comida, la música, los videojuegos y los amigos ya no les resultan interesantes ni satisfactorias. Esto tiende a ser más identificable en los varones que en las chicas adolescentes deprimidas. La pérdida de placer también puede tener un efecto de contragolpe. Al establecerse la anhedonia, los adolescentes pueden llenarse de «actividades placenteras» para mantener vivo el placer y saciar la depresión. Por ejemplo, un adolescente puede estar despierto toda la noche jugando videojuegos, o escuchar la misma canción una y otra vez, o masturbarse mucho más de lo usual.

SUICIDIO:
La depresión a menudo precede al suicidio. Entre más profunda sea la depresión, más cerca estará el adolescente de llegar a cometer suicidio. Los adolescentes deprimidos pueden mostrar signos de ideación, estrategias e incluso intentos de suicidio.

1.1e EL SUICIDIO

El suicidio es un grave problema de salud pública entre la población adolescente mundial. La Organización Mundial de la Salud (OMS) señala que el suicidio entre los adolescentes (de 15 a 19 años) está aumentando en 90 de los 130 países miembros de dicha Organización[2]. A nivel mundial, el suicidio se ubica como la cuarta causa de muerte entre los adolescentes varones y la tercera entre las adolescentes mujeres. Incluso en muchos países miembros el suicidio es la causa principal de muerte entre los adolescentes[3].

Estas estadísticas pueden estar en gran medida subinformadas, debido a que muchos de los países miembros de la organización tienen estigmas culturales y religiosos asociados al suicidio. El hecho es que se trata de una preocupación tan grande que la Asociación Médica Mundial (AMM) adoptó una política y una declaración sobre el suicidio adolescente en la Asamblea Médica Mundial de 1991 en Malta, la cual fue después revisada por la Asamblea General de la AMM del 2006 en Sudáfrica. Esta política plantea directrices que requieren que los médicos profesionales tomen conciencia, se capaciten, y ofrezcan medidas de prevención para los adolescentes en riesgo de suicidio[4].

De acuerdo al Centro para el Control de Enfermedades de los EE.UU. (CDC según sus siglas en inglés), entre el año 2000 y el 2006 el suicidio fue la tercera causa principal de muerte entre todos los preadolescentes y adolescentes (de 10 a 24 años) en los Estados Unidos[5]. El homicidio fue la segunda causa principal, y la muerte accidental la primera. Aunque es difícil decir cuántas de esas muertes accidentales fueron, de hecho, suicidios. Muchos accidentes automovilísticos, sobredosis de drogas, ahogamientos y caídas podrían ser suicidios, pero son reportados como muertes accidentales. Así es que, teniendo esto en cuenta, el suicidio bien podría ser la segunda causa principal de muerte entre los adolescentes y preadolescentes en los Estados Unidos. En el mismo reporte, el suicidio fue clasificado como la segunda causa principal de muerte entre los adolescentes estadounidenses de origen asiático y blancos (de 15 a 24 años) y también entre los adolescentes estadounidenses de origen indio (de 10 a 24 años).

El CDC también identificó los tres métodos principales de suicidio entre los adolescentes: el uso de armas de fuego, la asfixia (o ahorcamiento) y el envenenamiento (o intoxicación con alguna sustancia o medicamento), los cuales constituyen respectivamente el 50,9%, 33,4% y 8,2% de todas las muertes por suicidio entre los adolescentes en los EE.UU. Otros métodos utilizados por los adolescentes fueron: caídas fatales deliberadas, heridas autoinfligidas (como cortarse y hacerse piercings), ahogarse y prenderse fuego a sí mismos. Si bien estos métodos fueron los mismos que utilizaron los adolescentes más jóvenes (de 10 a 14 años), en el grupo de menor edad el suicidio por asfixia fue más alto (62,3%), y fue más bajo el suicidio con armas de fuego (30,6%)[6]. El Departamento de Salud y Servicios Humanos de los EE.UU., oficina donde trabaja el Director General de Salud Pública, informó que entre 1952 y 1996 se triplicó la tasa de suicidios entre adolescentes y adultos jóvenes. También señaló que entre 1980 y 1996 la tasa de suicidios entre los adolescentes de 15 a 19 años aumentó en un 14%, y entre los preadolescentes de 10 a 14 años en un 100%. Para los varones afroamericanos (de 15 a 19 años) la tasa aumentó en un 105%, aunque los varones blancos de la misma edad aún están en mayor riesgo de suicidio[7]. En el 2007, el CDC citó que el 14,5% de los estudiantes de secundaria afirmaron haber contemplado seriamente el suicidio en el año previo al de la encuesta, y que el 6,9% de los encuestados había intentado suicidarse una o más veces durante ese año[8]. El CDC también señaló que entre los adolescentes hay cerca de 25 intentos de suicidio por cada suicidio consumado. El suicidio en los adolescentes es y debe ser una preocupación extrema entre los líderes de jóvenes.

1.2 FORMAS DE DEPRESIÓN

1.2a DISTIMIA

Es una forma crónica y leve de la depresión. La palabra *distimia* significa «un estado enfermo de la mente». Es una depresión de bajo grado, en la que los adolescentes suelen sentirse tristes, pesimistas, desdichados o irritables la mayor parte del día. Los adolescentes con condición distímica describen su estado de ánimo como «sentirse constantemente decaídos» o «como si una nube negra los siguiera a todas partes». Al igual que Justin en la historia de apertura, los adolescentes distímicos pueden ser capaces de funcionar normalmente, pero también parecen negativos, desconectados o pesimistas. Rara vez sienten alegría o felicidad, y todo les produce poco placer. Por lo general experimentan los síntomas descritos anteriormente, pero de una forma menos grave o en menor grado que en una depresión mayor. La depresión distímica es crónica, lo que significa que ocurre más días de los que no, puede durar más de un año, e incluso puede continuar por muchos años. En los adolescentes esta condición se diagnostica si la depresión ha durado más de un año y se presenta con dos o más de los síntomas anteriores. Normalmente, un adolescente con distimia también puede experimentar otros problemas de salud mental, como un trastorno de déficit atencional, trastornos del aprendizaje, trastornos de la alimentación, trastornos de conducta, etc. Esta combinación (a menudo denominada «doble depresión») es peligrosa. Cuando se presenta una doble depresión en los adolescentes, los bajones que normalmente sienten se salen de control y llegan a mayores profundidades. La depresión doble también está a menudo marcada por mayores niveles de desesperanza, así como por una intensa ideación suicida.

1.2b TRASTORNO BIPOLAR

El trastorno bipolar es una depresión cíclica en la que un adolescente fluctúa entre (altos) episodios maníacos y (bajos) episodios depresivos. Por eso es que también es conocido como trastorno maníaco-depresivo. Los altos y bajos son los dos polos opuestos en cada extremo del continuo emocional, por eso se llama «bipolar».

El diagnóstico del trastorno bipolar en los adolescentes es un proceso muy difícil, ya que la adolescencia se caracteriza por presentar altibajos emocionales. Estos altibajos tienden a alcanzar una gravedad extrema en los adolescentes bipolares. Además, el trastorno bipolar también puede ser mal diagnosticado como esquizofrenia, déficit atencional, trastorno de conducta, o un trastorno depresivo mayor. Por lo tanto, el diagnóstico de trastorno bipolar requiere una larga observación y una objetivizacion de los comportamientos.

Los adultos con trastorno bipolar tienden a experimentar episodios maníacos y depresivos en patrones que suelen durar de semanas a meses. Cada episodio puede ir seguido de un período donde se sienten «normales», lo que significa que tienen pausas entre los episodios, en las cuales funcionan bien o casi bien. Los adolescentes, sin embargo, tienden a experimentar episodios maníacos y depresivos con mayor irregularidad, a menudo en el curso del mismo día. También pueden no tener ninguna pausa entre los episodios, lo que produce un efecto de «Jekyll y Hyde» (un hombre con dos personalidades: una malévola y otra bonachona). También hay variaciones durante las cuales un tipo de episodios, los maníacos o los depresivos, son más prominentes. Algunos creen que los episodios maníacos de este trastorno se caracterizan por ser tiempos felices y son el mejor lado de la enfermedad, pero esto no es cierto. Muchas veces los episodios maníacos pueden ser tan peligrosos y preocupantes como la depresión severa.

SÍNTOMAS DE LOS EPISODIOS MANÍACOS:

Emociones fluctuantes:
Desde frívolo, agitado, irritable, desagradable y nervioso, hasta agresivo, enojado, furioso, rencoroso y resentido.

Hablar incesante:
Los adolescentes pueden hablar sin parar, a veces sin razón o sin conciencia del contexto y sin permitir que nadie les interrumpa. Pueden cambiar de tema sin razón a medida que distintas cosas les vienen a la mente. También pueden no leer bien las señales sociales que indican que las personas que están a su alrededor están molestas, no están escuchando, o no están interesadas.

Aumento de energía:
Puede que no duerman durante días, porque están funcionando basados en su alta energía. Esto también puede provocar que hagan cosas extrañas, especialmente cuando todo el mundo está durmiendo (por ejemplo, poner música a alto volumen y bailar en el patio a las 3:00 am, pintar su habitación, vehículo, o cualquier otra cosa que se les ocurra, o destrozar la cocina y preparar muchos alimentos). Algunas veces esto puede tener efectos un poco más positivos (por ejemplo, un adolescente con habilidades artísticas puede pintar durante días sin parar... pero si se le interrumpe puede darle un ataque de ira).

Auto-percepciones poco realistas:

A menudo sobreestiman quiénes son, lo que pueden lograr y cuáles son sus limitaciones. Este comportamiento puede ir desde hablar maravillas exageradas sobre sí mismos, hasta intentar hazañas para demostrar fuerza, destrezas o habilidades competitivas más allá de sus capacidades. Esta euforia con frecuencia puede parecerse a la euforia provocada por la droga, ya que en ella los adolescentes bipolares creen tener superpoderes. Todo esto se puede manifestar también en comportamientos que busquen llamar la atención, como ser escandalosos o maleducados.

Participación en actividades imprudentes o de alto riesgo:

Peleas, vandalismo, provocar incendios, consumir o abusar de drogas y alcohol, gastos excesivo (muchas veces tomando las tarjetas de crédito de los padres o falsificando cheques), alterar el orden público, hipersexualidad (incluyendo la experimentación de desviaciones sexuales y la promiscuidad), conducir un vehículo de manera temeraria, etc. Estas conductas suelen ir acompañadas de falta de juicio, decisiones imprudentes y tomadas a la ligera, y desafío a la autoridad.

Otros síntomas:

Psicosis o incapacidad de discernir la realidad de la fantasía (por ejemplo, pueden creer que están viviendo en un videojuego), delirio (pueden decirle a la gente que son amigos íntimos de algún ídolo o famoso), alucinaciones (pueden creer que el estampado de su ropa está cambiando), y cambios en la personalidad (adolescentes tímidos y reservados pueden convertirse en extrovertidos o excesivamente sexuales).

SÍNTOMAS DE LOS EPISODIOS DEPRESIVOS:

Son todos los síntomas depresivos mencionados anteriormente. La diferencia entre los episodios maníacos y los depresivos es que hay un efecto de «shock» en el que la persona se ve sumida en la oscuridad de la tristeza y la ansiedad. Además, la ideación suicida y los intentos de suicidio pueden ser más exagerados en los episodios depresivos de los adolescentes con trastorno bipolar.

El trastorno bipolar puede ser tratado con medicamentos que trabajan para reducir el número y la intensidad de los episodios maníacos y para regular la intensidad de los episodios depresivos. Muchas veces estos medicamentos son necesarios por largos períodos de tiempo.

Además, los adolescentes bipolares pueden necesitar terapia durante un tiempo prolongado. Es importante que estos chicos vean a profesionales de la salud mental que se especialicen tanto en adolescentes como en depresión bipolar. A menudo estos chicos se sienten anormales debido a su montaña rusa emocional. Algunas veces incluso pueden estar enfrentando cargos criminales o haber violado su propia moralidad (o la de sus familias). Pueden sentir culpa, vergüenza y devastación. La terapia los ayudará a reconstruir su autoestima y a comprender las complejas cuestiones que vienen con este tipo de trastorno depresivo. Aviso importante: Si la depresión bipolar no es tratada, los episodios depresivos pueden ser más graves en la edad adulta, o pueden convertirse en depresiones mayores y más profundas.

Además, los adolescentes pueden experimentar una variación del trastorno bipolar conocida como «trastorno ciclotímico», una forma más leve del trastorno bipolar en la que los episodios maníacos y depresivos no son tan frecuentes ni tan graves. Este trastorno es mucho más difícil de diagnosticar debido a que la gravedad de los episodios bipolares suele ser el síntoma que da pie al diagnóstico.

1.2c TRASTORNO DEPRESIVO MAYOR

El trastorno depresivo mayor, o depresión clínica, es una depresión severa marcada por una tristeza, desesperación y desesperanza permanentes. Es más que tener un mal día; es sentirse irritable, infeliz, decaído, o de mal humor la mayor parte del día. Este tipo de depresión comienza con los adolescentes sintiéndose tristes, y después es como una espiral que los lleva más y más abajo, hasta que llegan a sentirse sin esperanza. La depresión entra en la categoría de depresión mayor cuando dura más de dos semanas y hay cinco o más síntomas presentes (de los que listaremos a continuación) que antes no eran parte de sus vidas. Por ejemplo, si un adolescente siempre ha tenido problemas para dormir, entonces ese síntoma no sería un factor a tener en cuenta para determinar la gravedad de la depresión. Además, la depresión puede ser etiquetada como «grave» o como «depresión mayor» cuando afecta los patrones normales de la vida de un adolescente, como la vida en el hogar, la escuela, la vida social y el trabajo. Un solo episodio de esta depresión puede durar de uno o dos meses, a cerca de nueve meses o más, sin que el adolescente sienta ninguna mejoría en su estado de ánimo. Algunos adolescentes pueden experimentar más que un solo episodio de depresión mayor. Una depresión mayor recurrente se define por episodios de depresión que duran dos semanas o más, seguidos por un período de tiempo «normal», luego nuevamente un período de depresión, y así sucesivamente.

En esto es similar al trastorno bipolar, solo que no hay episodios maníacos. La depresión mayor recurrente se caracteriza por estos ciclos de depresión, y puede resultar muy frustrante para los adolescentes y para sus familias.

Los síntomas más comunes que marcan la depresión mayor en los adolescentes son:

• TRISTEZA, PÉRDIDA DE ESPERANZA Y DESESPERACIÓN.

• FALTA DE CONCENTRACIÓN, marcada por la incapacidad para seguir conversaciones o participar en situaciones comunes de la vida.

• ANHEDONIA (disminución del interés en las actividades de la vida, o pérdida del placer en cosas que alguna vez provocaron placer).

• DISMINUCIÓN DEL APETITO. Los adolescentes pueden pasarse días sin comer.

• AUMENTO DEL SUEÑO. Normalmente un adolescente necesita cerca de ocho o nueve horas de sueño por noche, pero los adolescentes con depresión mayor pueden dormir 12 horas o más en el transcurso de un día. También pueden despertarse cansados por la mañana, dormir durante el día o después del colegio, y posiblemente volver a dormir en algún momento a mitad de la tarde.

• FATIGA Y PÉRDIDA DE ENERGÍA, evidenciadas por los adolescentes que manifiestan que sus brazos o piernas se sienten pesados, o por aquellos que no tienen la energía o el deseo de mantener una higiene o una vestimenta apropiadas.

- **HIPERSENSIBILIDAD.** Se muestran frágiles frente a las críticas, los comentarios negativos, o la desaprobación de los demás.

- **DOLORES DE CABEZA, DE ESTÓMAGO, DE ESPALDA, MAREOS y NÁUSEAS.**

- **AISLAMIENTO,** apartarse de sus amigos y familia, así como otras complicaciones en las relaciones.

- **INTENTOS DE LASTIMARSE A SÍ MISMOS.** Los más comunes son: provocarse heridas con elementos cortantes, consumo excesivo de alcohol, y automarcarse, autotatuarse y autoperforarse.

- **IDEACIONES, AMENAZAS, PLANES, E INTENTOS DE SUICIDIO.**

1.2d TRASTORNO AFECTIVO ESTACIONAL

Los adolescentes con trastorno afectivo estacional experimentan depresión durante los cambios de temporada (por ejemplo, de verano a otoño, o de otoño a invierno). El TAE (trastorno afectivo estacional) es un trastorno cíclico, es decir que la depresión se repite todos los años en la misma época. El TAE por lo general afecta a los adolescentes tardíos (de entre 18 y 22 años), y es más común en las chicas que en los chicos. Entre más joven sea el adolescente, menos probable es que sufra de TAE. Es muy poco común encontrar a un chico de entre 12 y 14 años con este tipo de depresión. Este tipo de depresión puede variar, desde leves estados de ánimo distímico o sensación de «decaimiento», a una depresión mayor cuando los adolescentes contemplan el suicidio. Muchas veces la depresión se agrava conforme avanza la estación. A veces al TAE se le conoce como «depresión de invierno», y realmente hace que los días festivos sean difíciles para muchas familias. La falta de luz solar y el cambio climático cuando llega la temporada de otoño e invierno tienden a afectar el estado de ánimo. Por lo tanto, los adolescentes que viven donde los inviernos son más fríos y los días mucho más cortos, o en zonas con temporadas de lluvia muy pronunciadas y largas, son más susceptibles de sufrir TAE.

No hay pruebas concluyentes que señalen las causas del TAE, pero algunos de los factores que influyen en este trastorno son los siguientes:

I. ALGUNAS INVESTIGACIONES MUESTRAN QUE LA FALTA DE LUZ SOLAR DURANTE UN CAMBIO ESTACIONAL PUEDE AFECTAR EL RELOJ NATURAL O LOS CICLOS DEL CUERPO, es decir, los ritmos circadianos. Los ritmos circadianos regulan el balance de vigilia y sueño del cuerpo. En el curso normal de un día, el cuerpo de cada individuo produce una hormona llamada melatonina. A media tarde, cuando comienza a ponerse el sol, el cuerpo comienza a producir mayores niveles de melatonina. Estos niveles siguen aumentando a medida que oscurece, y hacen que el cuerpo se relaje y tenga sueño. Luego mantienen al cuerpo en un estado de sueño durante la noche. La luz solar (o la falta de ella) afecta la producción de melatonina. En los meses de invierno aumentan los niveles de melatonina, y en el caso de los adolescentes este mayor nivel de melatonina puede tenerlos más aletargados y cansados. También puede causar cambios en los patrones de sueño, haciendo que los adolescentes duerman por períodos más cortos de tiempo, y con mayor frecuencia y superficialmente durante el día. Pero aunque la melatonina regula el sueño, solo desempeña uno de los papeles en el equilibrio circadiano, por lo cual resulta difícil decir si es la responsable de crear el desequilibrio que causa el trastorno afectivo estacional.

II. LA FALTA DE LUZ SOLAR TAMBIÉN PUEDE CAUSAR UNA DISMINUCIÓN EN LOS NIVELES DE SEROTONINA EN EL CEREBRO. La serotonina es un neurotransmisor que ayuda a regular el estado de ánimo. La falta de luz solar, los días nublados, los días invernales y las noches más largas pueden provocar que desequilibrios de serotonina se manifiesten en los meses más fríos, dando como resultado una depresión estacional.

III. EXISTE ALGUNA EVIDENCIA DE UN VÍNCULO GENÉTICO CON EL TAE. Muchas historias familiares muestran la presencia de TAE recurrente en parientes consanguíneos. Al igual que las otras formas de depresión, el trastorno afectivo estacional se caracteriza por diversos síntomas:

• **Un sentimiento generalizado de tristeza.** Esto puede comenzar como una sensación de melancolía, y progresar hacia una tristeza generalizada más profunda que paraliza a los adolescentes. Algunos creen que es provocada por el estrés de los días festivos y las disfunciones familiares acentuadas que a menudo rodean esos días. A veces la depresión continúa más allá de los días festivos y se agrava a finales de enero y febrero. (Nótese que estos estudios han sido realizados en EE.UU., en donde las fiestas de fin de año coinciden con el invierno.)

• **Irritabilidad e incapacidad para encontrar placer en cosas que antes resultaban placenteras** (como estar con los amigos, ir al cine, escuchar música, desarrollar los propios talentos, etc.).

• **Sentimientos de baja autoestima, miedo, desesperación, tristeza, culpa no identificable y sensación de no ser amado.**

· **Cambios en los patrones de alimentación.** Este cambio por lo general se evidencia por comer en exceso y por comer alimentos poco saludables. A los adolescentes en general se les antoja comer carbohidratos; los dulces y los alimentos ricos en almidón se convierten en su sustento básico. Esto a menudo provoca que los adolescentes suban de peso.

· **Cambios en los patrones de sueño.** Ya hablamos de esto, pero hay que tener en cuenta que cuando los chicos están despiertos pueden parecer más letárgicos y apáticos. Esta fatiga constante puede ser mal diagnosticada como síndrome de fatiga crónica debido al tiempo prolongado que puede durar.

· **Falta de concentración y disminución de la capacidad para razonar.** Las decisiones diarias pueden llegar a estar marcadas por la indecisión y el estrés. Como resultado, estos adolescentes no completan sus tareas escolares y sus calificaciones pueden bajar.

· **Pavor y ansiedad durante los días festivos.** Los adolescentes pueden experimentar el estrés que acompaña a los días festivos. Esto puede dar lugar a ideaciones de insuficiencia, a pensamientos sobre conflictos relacionales, y a una hipersensibilidad a la dinámica familiar. A menudo los adolescentes parecieran ser más «frágiles».

Muchos de estos síntomas son iguales a otras formas de depresión, lo que hace difícil distinguir el TAE de otras depresiones. Los criterios que distinguen al TAE son dos patrones repetibles:

1. LA DEPRESIÓN DEBE OCURRIR EN LA MISMA ÉPOCA CADA AÑO, POR LO MENOS DURANTE DOS AÑOS.

2. LA DURACIÓN DE LA DEPRESIÓN NO PUEDE EXTENDERSE POR MÁS TIEMPO QUE LA DURACIÓN DE LA TEMPORADA.

Hay muchas formas en que puede ser tratado el trastorno afectivo estacional. Normalmente el tratamiento comienza con antidepresivos recetados, pero si bien esto puede ayudar a regular los niveles de serotonina no podrá corregir la depresión. Los suplementos dietarios de melatonina también pueden ser utilizados para ayudar a equilibrar el ciclo del sueño. Pero el mejor tratamiento es conocido como «terapia de luz» o «fototerapia». Consiste en una caja de luz que emite una luz brillante y enfocada sobre el chico que debe estar sentado cerca. La exposición a esta luz equilibra la producción natural de melatonina y regula los ciclos circadianos en el cuerpo. Por lo general la caja de luz está fabricada con focos fluorescentes y es un 30% más brillante que la luz tenue de una lámpara. Para el tratamiento, el chico puede tener la caja de luz encendida mientras hace sus tareas o cualquier otra actividad, y debe permanecer cerca de ella por un período de 30 minutos a dos horas, dependiendo de las órdenes del médico. Pero para obtener mejores resultados se recomienda usarla por las mañana cuando el chico despierta. (Algunos de los efectos secundarios de la fototerapia incluyen dolores de cabeza y agotamiento ocular).

1.2e LA DEPRESIÓN ENMASCARADA

A veces a este tipo de depresión se le llama depresión atípica, y tú probablemente ya puedes imaginar qué es la depresión enmascarada a partir de su nombre: es difícil de detectar o de diagnosticar porque los síntomas de la depresión clásica son eclipsados por otros síntomas o comportamientos. La mayoría de las veces, la depresión enmascarada es tomada como otro problema (como ansiedad, estrés, trastornos alimenticios, problemas de comportamiento, abuso de sustancias, enfermedades físicas, trastornos del aprendizaje, el estar siendo víctima de acoso o de abusos, etc.). Estos síntomas pueden convertirse en el centro de atención y evitar que la depresión sea diagnosticada. Hay además otras tres formas en que los adolescentes habitualmente sufren de depresión enmascarada:

I. PUEDEN ESTAR IRRITABLES, TRISTES Y ABATIDOS LA MAYOR PARTE DEL TIEMPO. Pueden tener dificultad para dormir y comer, sentirse inútiles y no amados, y mostrar todos los síntomas de depresión a sus padres, pero... tan pronto como se encuentran con sus amigos se animan, sonríen, y participan con ellos. Esta es una depresión enmascarada. Los adolescentes aprenden a vivir «dentro de personajes» y tratan de no comprometerse de ninguna forma. Aunque sonríen por fuera, la tristeza los come por dentro. No obstante, uno de los grandes síntomas que no pueden ocultar es la falta de concentración. Sus mentes siguen viviendo en las sombras de la tristeza. Para sus amigos puede parecer como si estuvieran soñando despiertos, y los adultos tal vez les pregunten si están bien, y su respuesta será (tú ya lo sabes): «¡Estoy bien!».

II. LA IRA Y LA AGRESIÓN TAMBIÉN ENMASCARAN LA DEPRESIÓN. Esta forma de depresión enmascarada es más común en los chicos que en las chicas adolescentes, ya que la mayoría de los chicos siempre están en actitud de «alerta bravucona». Su identidad como hombres (emergentes) les manda a que estén en control de las circunstancias y de sus emociones. Por lo general, también están condicionados a no aparentar debilidad ni mostrar cualquier señal de «mariquita», y a no llorar nunca. Por lo tanto, la tristeza de la depresión viola todo lo que conocen acerca de ser masculinos. Esto complica la depresión y produce una respuesta o una emoción que es aceptablemente masculina: la rabia. Un chico adolescente con depresión enmascarada puede que nunca llore, pero tal vez se meta con frecuencia en peleas, pierda los estribos con facilidad, o se vuelva verbalmente abusivo. Los padres suelen comentar que sus hijos «de repente» tienen tanta rabia dentro, y tratan de controlarlo a través del castigo, o haciendo que participen en deportes agresivos, o incluso enviándolos a escuelas militares... solo para descubrir que la ira no era el problema. Un buen terapeuta de adolescentes, al tratar con la depresión, comenzará trabajando con los posibles problemas de identidad.

III. UNA TERCERA FORMA EN QUE LA DEPRESIÓN PUEDE ESTAR ENMASCARADA ES A TRAVÉS DE LA APATÍA PROFUNDA Y LA ANHEDONIA.

La apatía (o la falta de pasión y preocupación) se manifiesta en ambos sexos. La apatía que está enmascarando la depresión es «profunda» porque se manifiesta con indiferencia ante los traumas y tragedias de los demás, así como ante los propios. La diferencia entre estos adolescentes y los otros que demuestran apatía y anhedonia junto con síntomas depresivos es que los chicos con esta depresión enmascarada no manifiestan otros síntomas depresivos y rara vez se apartan o se aíslan. Ellos atraviesan todas las rutinas del día como si no estuvieran en realidad vivos ni emocional, ni moral, ni socialmente. Debido a la falta de respeto por sí mismos, asumen riesgos peligrosos. Tanto las chicas como los chicos adolescentes experimentan este enmascaramiento, pero normalmente los chicos actúan de forma diferente a las chicas. Mientras que las chicas tienden a sacar el auto por la carretera sin contarles a sus padres, hacen apuestas con bebidas alcohólicas, y pueden probar para ver con cuántos chicos pueden tener relaciones sexuales, los chicos son incluso más agresivos al asumir riesgos. Pueden beber y conducir velozmente, e intentan hazañas de resistencia y desafíos a la muerte (tales como saltar desde el tejado de una casa, o confrontar a sus enemigos, pandillas, o incluso a la policía). Estos comportamientos erráticos en ambos sexos se derivan de no darle más importancia a vivir o a la vida. Esta es una depresión enmascarada grave.

La mayoría de los casos de depresión enmascarada requieren de un profesional capacitado para identificarla. Una vez que la depresión es descubierta y planteada, puede que los adolescentes comiencen a mostrar muchos de los signos clásicos de la depresión. Entonces la depresión será tratada adecuadamente mediante consejería y antidepresivos.

1.2f DEPRESIÓN SITUACIONAL

La depresión situacional no dura más de dos semanas, independientemente de su gravedad. Pero ten en cuenta que toda depresión puede ser un tiempo oscuro en la vida de los chicos, y muchas veces la depresión situacional puede convertirse en una espiral descendente y desencadenar en una depresión clínica si dura más de dos semanas. Las siguientes situaciones pueden desencadenar una depresión situacional:

PÉRDIDA:
Puede ser la pérdida de esperanzas y sueños (como perder una beca que esperaban o algún logro que planeaban alcanzar), la ruptura de una relación, amistades que fracasan o que se cortan por una mudanza, o la muerte de amigos, familiares o mascotas.

TRASTORNO ADAPTATIVO:

Similar a la pérdida, esta es una circunstancia que altera la vida de los adolescentes. A menudo estas experiencias son etiquetadas como trastornos de adaptación cuando lleva un tiempo largo superarlas, como puede ocurrir con un divorcio, una mudanza, etc. Otra forma de trastorno adaptativo se conoce como «duelo complicado», generalmente evidenciado por la incapacidad de funcionar durante un largo período de tiempo, lo que impide que los adolescentes reanuden una vida normal. Un duelo complicado es muy difícil de distinguir de un trastorno depresivo mayor[9].

UN AMBIENTE ALTAMENTE ESTRESANTE:

Para los adolescentes muchas veces el estrés y la depresión van de la mano. El estrés de tener que lograr un buen desempeño, alcanzar metas, o tomar decisiones de vida adecuadas, sumado a las habilidades inmaduras para enfrentarlos, puede llevar a los adolescentes a sentirse deprimidos.

POBREZA:

Muchos adolescentes que viven en la pobreza sienten desesperación por su situación. El creciente costo de vida, junto con la falta de disponibilidad de variables que puedan ayudarlos a salir de su situación (educación, oportunidades de empleo, etc.), puede causar sentimientos de impotencia y desesperanza. A menudo estos jóvenes intentan superar sus circunstancias por medios inadecuados y/o agresivos. Las consecuencias crean mayores contratiempos y más desesperación. Este ciclo de pobreza se convierte en una preocupación muy real para los jóvenes adolescentes, y les puede conducir a una depresión generalizada.

FAMILIA INFELIZ Y/O VIVIR EN UN HOGAR DISFUNCIONAL:

Muchos adolescentes viven en hogares en los que son abusados física, emocional y sexualmente[10]. Estos adolescentes son candidatos a una depresión mayor. Otras disfunciones familiares pueden llegar a ser parte de la ecuación que lleva a la depresión adolescente, y estas incluyen la falta de involucramiento y la falta de límites por parte de los padres, las discordias maritales, la falta de habilidades relacionales de los adultos, el estrés de las dinámicas de familias mixtas, con padrastros o madrastras, o de familias no tradicionales, los estilos de crianza dictatoriales, las expectativas poco realistas de los padres, etc.

PROBLEMAS DE APRENDIZAJE SIN DIAGNOSTICAR:

Muchos adolescentes que no saben que tienen dificultades de aprendizaje no pueden entender por qué no se conectan con la escuela y con sus profesores. Tal vez ellos incluso se esfuercen mucho… y sin embargo esto no alcanza. La situación se convierte en un escenario aun más oscuro cuando los padres y maestros agobian a estos chicos con expectativas muy altas, imponen castigos, y se muestran intolerantes ante todas estas situaciones adolescentes, las cuales en realidad están expresando una circunstancia desesperada y desalentadora para estos chicos. El resultado es la depresión.

ABUSO DE SUSTANCIAS:

Los adolescentes que usan y abusan de las drogas y el alcohol pueden desarrollar una depresión que al final puede salirse de control. El alcohol es un depresor de los sistemas. Reduce la función cerebral y puede causar un desequilibrio en la producción de sustancias químicas y en las funciones del cerebro. Ciertos medicamentos pueden tener el mismo efecto. Las drogas estimulantes también pueden tener un efecto que lleve a los adolescentes a la depresión, al pasar de la euforia al «decaimiento».

ENFERMEDADES CRÓNICAS:

Muchos adolescentes que sufren o han sido diagnosticados con enfermedades crónicas pueden sufrir episodios de depresión.

Estos pueden provenir de la tristeza, como resultado de la incapacidad de estos chicos para disfrutar de todas las cosas que un adolescente saludable puede hacer. A veces, ciertos medicamentos también producen efectos secundarios que conducen a la depresión. Otra variante de estos casos es cuando los padres de los adolescentes sufren enfermedades crónicas y permiten que los chicos inviertan los papeles, convirtiéndose en tutores de sus hermanos menores, y viviendo ellos sin la participación y la crianza de sus padres.

1.2g TRASTORNO DISFÓRICO PREMENSTRUAL

A menudo asociado con el síndrome premenstrual, el TDPM es un tipo raro pero debilitante de depresión, que tiene la misma intensidad que una depresión mayor. Por lo general el TDPM se presenta durante las dos semanas previas al período menstrual de una chica adolescente y se caracteriza por un estado de ánimo depresivo, ansiedad, irritabilidad, cambios drásticos de humor, histeria, fatiga, llanto fácil y evasión de la realidad. Lo que diferencia al TDPM del SPM (síndrome premenstrual) es que el TDPM es lo suficientemente profundo como para obstaculizar las funciones diarias normales y la vida social. Las causas directas del TDPM no son conocidas. Algunos creen que se genera a partir de un desequilibrio de estrógeno/progesterona, mientras que otros apuntan a los desequilibrios de serotonina provocados por la menstruación. Esta depresión puede ser tratada de varias maneras, incluso a través de medicamentos antidepresivos, anticonceptivos orales que estabilizan la fluctuación hormonal, suplementos nutricionales, cambios en la dieta y algunos remedios herbales.

1.3 EL SUICIDIO

Los adolescentes que se suicidan por lo general creen que su vida actual es irremediablemente dolorosa y está llena de la más oscura desesperación, y que su futuro no traerá ningún alivio, es decir, será igualmente oscuro. La muerte se convierte entonces en la única vía de escape. Como se mencionó anteriormente, el suicidio es una de las principales causas de muerte entre los adolescentes en los Estados Unidos y en todo el mundo.

Estos son algunos términos que resulta importante definir en relación al suicidio:

· SUICIDIO:
Es el acto intencional de una persona de quitarse la vida. Nota: los comportamientos de alto riesgo que resultan en la muerte de los adolescentes (por su propia mano) no son suicidios, sino muertes accidentales. El término suicidio significa literalmente «el asesinato de uno mismo».

· IDEACIÓN SUICIDA:
Son pensamientos contemplativos del suicidio. Todo el mundo en algún momento de su vida (tal vez incluso durante sus años de adolescencia) ha albergado pensamientos pasajeros sobre el suicidio. Esto técnicamente no califica como «ideación suicida». Para los propósitos de este libro vamos a definir la ideación suicida como una contemplación seria, una fascinación o una planificación de la propia muerte. La ideación suicida también puede implicar una obsesión con la muerte en general y la verbalización de pensamientos suicidas (por ejemplo: «Yo estaría mejor si estuviera muerto»).

• INTENTO DE SUICIDIO.

Ocurren cuando los adolescentes voluntaria, intencional, o deliberadamente se comportan o actúan con el objetivo de provocar su propia muerte, incluso cuando no se produzca la muerte. Por lo tanto, si a la ideación suicida le siguen actos imprudentes o que desafían a la muerte, tales actos pueden ser clasificados como intentos de suicidio.

• SUICIDIO COMPLETADO.

Es un intento de suicidio que termina con la muerte del adolescente. Técnicamente se podría llamar simplemente suicidio, pero la terminología comienza a volverse confusa con los usos actuales y culturales de la palabra. Por lo tanto, se prefiere emplear el término «suicidio completado» en lugar de «suicidio exitoso», porque quitarse la vida difícilmente podría considerarse un «éxito» o una acción positiva.

El suicidio es a menudo precedido por una depresión severa, pero no todos los suicidios son el resultado de una depresión. Algunos suicidios de adolescentes pueden ser el resultado de pactos suicidas. Esto es a menudo el resultado de una fantasía de amor romántico, o del efecto «Romeo y Julieta». Los chicos hacen pactos suicidas por inmadurez idealizada. Cuando sus planes, pasiones o sueños parecen llegar a un callejón sin salida, a veces prefieren morir antes que tener que lidiar con ello.

El suicidio, por otra parte, no siempre es estratégico. Puede ser un acto impulsivo de desesperación provocado por un trauma de la vida, malas noticias, venganza, ira, abuso de sustancias, o trastornos psicóticos y otros problemas de salud mental. Algunos chicos que han intentado suicidarse han vivido para contar que en realidad nunca tuvieron la intención de quitarse la vida, pero se sintieron abrumados por sus circunstancias.

La ideación y los intentos suicidas son más frecuentes entre las chicas que entre los chicos adolescentes, aunque los chicos tienen una mayor tasa de suicidios completados. Las chicas tienden a idealizar la muerte y a intentar suicidios por sobredosis de medicamentos; los chicos, por otro lado, eligen medios de suicidio más agresivos y violentos, como dispararse con un arma de fuego, ahorcarse, o saltar desde grandes alturas. Estas son las formas de suicidio más letales y menos posibles de revertirse una vez que el chico ha iniciado el acto.

1.3a RAZONES POR LAS CUALES LOS ADOLESCENTES CONTEMPLAN EL SUICIDIO

Muchas razones pueden parecer «irracionales», pero dada la gravedad de la depresión que experimentan muchos adolescentes, ni la lógica ni las buenas razones que hay para vivir les motivan. La única motivación pasa a ser ponerle fin al dolor y la tristeza. Los líderes de jóvenes y los padres deben estar alertas frente a las siguientes motivaciones que pueden tener los adolescentes:

INTENTAR ESCAPAR DE SITUACIONES QUE ELLOS CREEN QUE SON IRREMEDIABLES O QUE SIENTEN QUE LOS ESTÁN ATRAPANDO. Esta categoría puede incluir a chicos que creen que están sobrecargando a alguien, a chicos que son física, sexual o emocionalmente abusados en el hogar, a chicos que son maltratados o de quienes se burlan en la escuela (bullying), etc. Es importante entender que cualquier forma en que sean víctimas tiende a llevar a los adolescentes a pensar que están irremediablemente atrapados. Y puede que vean a la muerte como el único medio de escape.

INTENTAR ELIMINAR SENTIMIENTOS DOLOROSOS Y NEGATIVOS Y LA DEPRESIÓN. Puede que los adolescentes comiencen a «medicarse» para el dolor recurriendo al uso o abuso de alcohol y drogas, y luego darse cuenta de que no funciona. Entonces puede que recurran a dolores físicos autoinfligidos ya que el dolor físico desvía su atención del dolor emocional por un corto tiempo. Pero esta tregua tampoco dura mucho, y el daño físico puede insensibilizarlos para autoinfligirse aun más.

LAS PRESIONES DE LA ADOLESCENCIA. Esto puede incluir cuestiones de popularidad y rechazo, de imagen corporal, autonomía, decisiones futuras, etc.

BAJA AUTOESTIMA ACOMPAÑADA DE FRACASO, SENTIRSE INÚTIL, SENTIRSE NO AMADO O NO DESEADO.

PÉRDIDA. Un trauma por relaciones rotas, la pérdida de un ser querido y/o de amigos, o incluso la pérdida de esperanzas y sueños por alguna enfermedad o discapacidad, pueden llevar a los adolescentes a contemplar el suicidio. A menudo los adolescentes carecen de la habilidad para enfrentar cosas que los adultos ya aprendieron tiempo atrás. Frente a una gran pérdida, los adolescentes no son capaces de manejar el trauma o de prever una futura recuperación. El suicidio o la muerte de un miembro de la familia o de amigos (incluso de amigos virtuales con los que chatean) son las mayores pérdidas que los adolescentes enfrentan. Y son también el tipo de pérdida que los pone en mayor riesgo de suicidio.

VISIÓN INCORRECTA DE LA VIDA. Como todavía se están desarrollando cognitivamente, los adolescentes tienden a filtrar la vida usando puntos de vista inmaduros, poco realistas, y a menudo idealizados. Las experiencias traumáticas que experimentan los adolescentes, aunque a veces sean menos importantes que las que sufren los adultos, son enormes y no menos traumáticas o dolorosas para ellos. Los adolescentes que reprueban materias pueden experimentar una avalancha de pensamientos negativos y terminar viéndose en el futuro sin trabajo o sin hogar... y ese panorama es mucho más de lo que ellos pueden soportar. Por otro lado, los adolescentes suelen tener perspectivas de una vida invencible. En algún lugar del paisaje de sus pensamientos hay un mundo sin problemas, marcado solo por dulces momentos de ir a tomar café con los amigos. Entonces luego, cuando esta calidad de vida idealizada se ve amenazada, el trauma puede ser mucho más de lo que algunos adolescentes pueden soportar.

VISIÓN INCORRECTA DE LA MUERTE.

Los adolescentes no pueden (o por lo menos a menudo no lo hacen) comprender del todo la muerte. Pueden idealizarla, soñando con todas las personas que los aman, y que los echarán de menos, y que vendrán a sus funerales, y con lo hermosos que se verán, y con cuán maravillosamente serán elogiados. O, en el extremo opuesto, a veces ven su muerte como una forma de hacer que otros se lamenten y sufran por los malos ratos que les hicieron pasar. Esto también tiene lugar en sus fantasías, en las cuales imaginan a sus enemigos llorando arrepentidos y con remordimiento. Este punto de vista inadecuado sobre la muerte también está enraizado en la capacidad limitada de los adolescentes para vivir concretamente en el presente, es decir, ellos creen que la intensa emoción de su muerte dejará una marca duradera o eterna en los que han quedado vivos (y esta es también la razón por la cual no ven mucha esperanza cuando son ellos los que sufren una pérdida).

1.3b MITOS ACERCA DEL SUICIDIO ADOLESCENTE

LOS ADOLESCENTES QUE HABLAN SOBRE EL SUICIDIO NUNCA INTENTAN SUICIDARSE. Cuando los adolescentes comienzan a contemplar el suicidio, sus conversaciones se salpican de ideación suicida. Comienzan a dar muchas señales verbales.

TODOS LOS ADOLESCENTES QUE INTENTAN SUICIDARSE ESTÁN CLÍNICAMENTE DEPRIMIDOS. Ya examinamos el hecho de que, si bien la mayoría de los suicidios adolescentes tienen algo que ver con la depresión, los chicos pueden intentar y completar un suicidio por muchas otras razones aparte de la depresión.

UNA VEZ QUE LOS ADOLESCENTES DETERMINAN COMETER SUICIDIO, NADA PUEDE IMPEDIRLO. El suicidio siempre es evitable. Los líderes de jóvenes, los padres e incluso los amigos tienen que estar atentos a las señales de advertencia. (Más adelante discutiremos una estrategia de prevención).

EL SUICIDIO ES HEREDITARIO. Este mito a menudo surge porque algunas familias tienen una historia de suicidios de generación en generación. Si bien el suicidio no es hereditario, hay algunas evidencias de que la depresión sí lo es. Y también ocurre que algunos padres transmiten a sus hijos habilidades inadecuadas para enfrentar los sucesos de la vida. Esta combinación de métodos pobres para lidiar con las cosas de la vida y de depresión puede ser una fórmula para el suicidio.

LO MÁS PROBABLE ES QUE EL TRAUMA DE LOS INTENTOS DE SUICIDIO DISUADA A LOS ADOLESCENTES DE INTENTARLO DE NUEVO. Los adolescentes que han llevado a cabo intentos de suicidio tienen un gran riesgo de intentarlo una segunda vez. Los adolescentes que lo han intentado una y otra vez ya han aprendido a elaborar un plan y a superar los temores que a menudo se asocian con el suicidio. Muchas veces sienten que sus intentos fueron simplemente otra cosa más en la que fallaron... entonces, con frecuencia, el segundo o el tercero son intentos letales.

LOS ADOLESCENTES QUE INTENTAN Y COMPLETAN EL SUICIDIO FRECUENTEMENTE DEJAN NOTAS EXPLICANDO SUS RAZONES. Solo un

pequeño porcentaje de los adolescentes deja notas. La mayoría de las veces, los chicos que intentan suicidarse han reflexionado, planeado y ensayado cientos de veces el acto en sus mentes. Los temores, la familia y los amigos suelen ser obstáculos, pero en momentos de desesperación, dolor, o ira, los adolescentes pueden juntar el coraje necesario para hacer sus intentos. Esto a menudo no deja tiempo para las notas. Es por esto que muchas veces las familias, amigos y otros conocidos se quedan preguntando: «¿Por qué?».

NUNCA USES LA PALABRA SUICIDIO AL HABLAR CON UN ADOLESCENTE DEPRIMIDO, PORQUE LE DARÁS IDEAS. Cuando los amigos y la familia

se dan cuenta de que los adolescentes están deprimidos, pueden creer que hablar acerca del dolor o de los pensamientos suicidas podría empujar a esos chicos deprimidos hacia el abismo. Pero es al revés. Evitar hablar del tema puede hacer que estos jóvenes crean que a nadie le importa lo que a ellos les pasa. El suicidio es un esfuerzo desesperado de último momento para eliminar el dolor, y cuanto más desesperado esté el adolescente, más cerca estará de intentar el suicidio. No hace falta que nadie les dé la idea... ellos la encontrarán solos.

LOS ADOLESCENTES QUE INTENTAN SUICIDARSE TIENEN TRASTORNOS MENTALES. Todo el mundo lucha con la depresión en algún

momento y en algún nivel de su vida. Los adolescentes que intentan suicidarse se sienten atrapados en el dolor de la desesperanza y de la desesperación, ya sean estos provocados por las circunstancias, por desequilibrios químicos, fisiológicos u hormonales, o por pensamientos negativos.

LOS ADOLESCENTES QUE SE SUICIDAN A MENUDO LO HACEN SIN PREVIO AVISO. Este mito es una creencia generalizada porque la mayoría de las personas alegan haber sido sorprendidos con la guardia baja por los adolescentes que se quitan la vida. Muy por el contrario, los adolescentes que contemplan e intentan suicidarse dan muchas señales de advertencia. Lo que sucede es que la mayoría de las veces no las estamos buscando porque no creemos que alguien que conozcamos sería capaz de suicidarse. Por lo tanto, las señales de advertencia son a menudo pasadas por alto, no son tomadas en serio, son ignoradas o simplemente no se las ve.

1.3c SEÑALES Y SÍNTOMAS

Siempre hay señales de advertencia y síntomas cuando los adolescentes están contemplando o intentando suicidarse. Pero en lugar de que las señales sean reveladas en un momento de posible solución, frecuentemente son reveladas por un forense (o por otros profesionales después del hecho). Las personas que tienen adolescentes en sus vidas deberían estar atentas a las siguientes señales de advertencia:

SÍNTOMAS DE DEPRESIÓN. Estos suelen ser los signos primarios y más prevalentes. Alrededor de un 90% de todos los suicidios adolescentes son acompañados por depresión o surgen de una depresión prolongada. Los adolescentes deprimidos necesitan ser supervisados de cerca. A veces, cuando los chicos aparentemente salen de una depresión, puede ser que hayan resuelto intentar suicidarse... En otras palabras, la perspectiva de escapar al dolor de la depresión puede ser un alivio para ellos y, paradójicamente, elevar su estado de ánimo. Una decisión así puede hacerlos sentir que tienen el control y darles más energía. Por lo tanto, si el estado de ánimo de un adolescente deprimido comienza a elevarse, necesita ser controlado más de cerca.

SEÑALES VERBALES.

Los adolescentes que están contemplando el suicidio pueden hablar o hacer preguntas sobre la muerte y los funerales. Pueden hacer preguntas como: «¿La Biblia habla sobre el suicidio?» o «¿Las personas que se suicidan se van al infierno?». O ellos pueden hacer comentarios acerca de que mejor estarían muertos, o expresar que desearían no haber nacido, o hablar en términos de no tener un futuro («Puede que yo no esté aquí para eso...»), o excluirse a sí mismos de hitos de la vida que normalmente querrían experimentar con sus pares («Mis amigos se graduarán este año»). Las señales verbales también acompañarán y explicarán algunas señales del comportamiento. Puede que hablen de no necesitar más sus cosas, o pueden pedirle a otras personas que cuiden de sus mascotas. Las señales verbales también pueden incluir a adolescentes que directamente y hablen sobre sus sentimientos y pensamientos de suicidio.

SEÑALES DEL COMPORTAMIENTO.

Algunas de estas señales ya han sido mencionadas, pero vale la pena repetirlas. Los adolescentes que planean suicidarse pueden involucrarse en:

• **Comportamientos riesgosos** (por el hecho de creer que no tienen nada por lo cual vivir, y por lo tanto nada que perder). Estos comportamientos también   pueden incluir actos de imprudencia que, tomados superficialmente, podrían interpretarse como actos de heroísmo, tales como confrontar a los miembros de pandillas en la escuela.

• **Autolesionarse.** Esto puede ser un camino lento hacia la desensibilización de sí mismos frente al dolor, y también servir para ir procesando el miedo de acabar con sus propias vidas.

• **Obsesión mórbida con la muerte,** incluyendo escribir sobre ella y centrarse artísticamente en la muerte y en el morir, visitando casas funerarias y cementerios, o asistiendo a vigilias y a funerales de personas que no conocen (hay casos en que van de funeral en funeral).

• **Consumo y abuso de drogas y alcohol.** Algunos adolescentes deprimidos se sumergen en el abuso de sustancias peligrosas. El pensamiento detrás de esto es similar al pensamiento que rige el aventurarse en conductas de riesgo: hacer cualquier cosa para eliminar el dolor que produce la depresión.

• **Intentos de suicidio en el pasado, o «entrenamientos».** Este comportamiento se evidencia en sus conversaciones. Puede que ellos les cuenten a sus amigos que anoche se tomaron cinco aspirinas «solo para ver qué pasaba». Estas «pruebas de marcha» se consideran intentos de suicidio, y pueden dejar al adolescente con discapacidad o con un daño permanente.

PONER SUS ASUNTOS EN ORDEN. Estas también son claves conductuales y verbales, pero se centran más en el campo de la muerte y el morir. Los adolescentes que han decidido intentar suicidarse instintivamente comienzan a atar los cabos sueltos en sus vidas. A menudo estas cosas se hacen en secreto o con un bajo perfil, de modo que los padres y el resto de los adultos deben estar vigilantes. Algunas de estas señales incluyen:

• **Terminar proyectos, tareas escolares, o favores que se les pidió que realizaran.** No quieren irse sabiendo que alguien piensa mal de ellos o que no le caen bien a alguien.

• **Regalar sus pertenencias.** Los amigos y los miembros más jóvenes de la familia se convierten en sus beneficiarios. Todos los adolescentes deben entender que recibir regalos que son posesiones significativas de amigos con depresión es un motivo urgente para avisar a los adultos.

• **Cancelar citas.** A menudo esto se observa cuando el adolescente suspende planes más allá de una fecha determinada. También se puede descubrir si hay una obsesión con una fecha en particular. Muchas veces los adolescentes elegirán un día de aniversario para el día de su suicidio. Estas fechas a menudo se corresponden con alguna fecha memorable, por ejemplo, el día que terminan las clases para comenzar el verano, o el día que algún héroe o ídolo del pop murió. Esto se hace como autoprotección (por ejemplo, pueden creer que se meterán en problemas por no haber terminado la escuela, e intentan evitarlo), o por el deseo de atar la fecha de su suicidio a otras fechas que ya son memorables, para que así su suicidio y ellos se vuelvan inolvidables.

• **Escribir testamentos y planear funerales.** Algunos adolescentes harán elaborados esfuerzos por escribir sus últimos deseos y testamentos o un plan de las cosas que quieren que se digan y hagan en su funeral. Esto surge de la fantasía de idealizar la muerte. En los recovecos de su mente «ya no pueden esperar para ver que todo esto suceda», por lo que no escatiman esfuerzos para planificar las secuelas de su suicidio.

• **Terminar asuntos pendientes**, lo cual a menudo involucra actos de venganza. Esto puede suceder momentos antes del suicidio. Las niñas tienden a llevar a cabo sus venganzas con llamadas telefónicas de odio antes de tomarse un frasco de pastillas. Los chicos, en cambio, son más violentos, lo cual a menudo resulta en un asesinato seguido de suicidio. Las señales de advertencia pueden ser, entonces, los elaborados planes para llevar a cabo sus actos de venganza (por ejemplo, ella puede decirles a sus amigas cuándo y cómo planea vengarse, o él puede adquirir armas o materiales para construir un arma).

CLAVES DESCRIPTIVAS.

Estas son apreciaciones personales informadas, que surgen de tu relación con adolescentes que pueden querer suicidarse. Qué tan bien los conozcas determinará con cuánta precisión podrás juzgar sus señales. Las señales descriptivas incluyen:

• **La carencia que tienen los adolescentes de habilidades para enfrentar y resolver conflictos**. Un adolescente con una gran carencia en este sentido puede llegar a pensar en un último recurso (como el suicidio) antes que otros adolescentes.

• **Los comportamientos impulsivos.** Si un adolescente tiene un patrón reiterado de actuar impulsivamente, o es propenso a perder el control, puede estar en mayor riesgo de suicidio.

• **La necesidad de llamar la atención.** Toda plática acerca del suicidio debe ser tomada en serio. Algunos adolescentes son de los que buscan llamar la atención por naturaleza, y la depresión acentuará su naturaleza dramática. (Hay que tener en cuenta un trastorno relacionado, el síndrome de Munchausen, por el cual los adolescentes aparentan estar enfermos o heridos o se dañan intencionalmente para llamar la atención. Más común en los chicos que en las chicas, este tipo de daño puede incluir fracturarse los huesos, ingerir venenos o sustancias químicas, etc. Los adolescentes con síndrome de Munchausen se mejoran con la atención simpática, acogedora y compasiva que probablemente reciban cuando estén enfermos o lesionados. El problema es que los adolescentes con este trastorno a veces se suicidan accidentalmente mientras están intentando autolesionarse).

• **La voluntad fuerte y el carácter retraído.** Aunque la primera característica normalmente sea una cualidad admirable, puede resultar mortal si el adolescente está decidido a morir. Añade a esto una propensión a distanciarse, a no buscar la ayuda y el apoyo de los demás, junto con el aislamiento provocado por la depresión, y la combinación puede ser letal.

CLAVES SITUACIONALES. Los líderes de jóvenes y los padres deben estar al tanto de los acontecimientos de la vida que moldean las perspectivas de los adolescentes. Las situaciones de la vida que dejan a los adolescentes sintiéndose desamparados, atrapados, o sin esperanza, son factores que pueden conducir a la depresión y el suicidio adolescente. La claves situacionales pueden incluir las pérdidas, el divorcio y la disfunción familiar, enfermedades crónicas, traumas, embarazos no planeados y/o un aborto, condena penal y/o encarcelamiento, la falta de vivienda, el cometer actos inmorales que ellos creen que no tienen vuelta atrás, etc.

1.3d SUICIDIO Y ADOLESCENTES HOMOSEXUALES

La adolescencia es una época de desarrollo y maduración sexual. Los adolescentes sienten impulsos sexuales, experimentan cambios fisiológicos y construyen su identidad sexual de género. Esta identidad es moldeada por las normas, roles y modelos de género que tiene la sociedad. Para los adolescentes cristianos, el navegar a través de los principios morales y bíblicos que enseñan sobre la sexualidad equivale muchas veces a estar en aguas turbulentas. Los padres y líderes de la iglesia a menudo tienen dificultades para comunicarse con los adolescentes de manera abierta y clara acerca del sexo, y a menudo lo hacen en un tono negativo. La mayoría de los adolescentes se preguntan cómo puede ser el sexo tan malo, siendo que cada impulso de sus cuerpos les dice que se siente bien. Ellos también temen el rechazo y el juicio de la iglesia si llegaran a caer en la tentación, o incluso si llegaran a hacer la pregunta incorrecta sobre el tema sexual.

El asunto se vuelve aun más complejo para los adolescentes que se encuentran dentro del grupo denominado LGBT (lesbianas, gays, bisexuales y transexuales). Exploraré más el tema de la orientación sexual en otro libro de esta serie titulado *¿Qué hacer cuando... los adolescentes tienen dudas sobre su sexualidad? (N. del T.: No disponible aún en español)*. Para nuestros propósitos, debemos saber dos cosas. Primero, es muy probable que haya adolescentes en la esfera de acción de nuestros ministerios que estén explorando o practicando comportamientos homosexuales o lésbicos. Segundo, es probable que estos adolescentes se encuentren luchando con miedos, sentimientos, y una gran carga social que les dice que son diferentes.

Los adolescentes LGBT, a menudo marginados por los demás, experimentan acoso, amenazas de violencia, agresiones, rechazo y abuso... inclusive provenientes de amigos y miembros de su familia. Es posible que sus padres los expulsen del hogar para que vivan en las calles. Por lo general esto los obliga a abandonar la escuela, y con frecuencia suelen recurrir a actividades delictivas para poder comer. El trauma y la desesperación con que muchos adolescentes LGBT tropiezan, a menudo los lleva a contemplar e intentar el suicidio. La orientación sexual no es un factor de riesgo para el suicidio, pero las presiones y los traumas puestos sobre los adolescentes LGBT sí aumentan su riesgo de suicidio.

1.3e SUICIDIO Y ADOLESCENTES ACOSADOS EN LA ESCUELA (Bullying)

Los adolescentes de hoy se enfrentan al acoso escolar y a la violencia a manos de sus compañeros a niveles casi epidémicos, tanto que hasta se le ha puesto un nombre a esta práctica, la cual ahora es conocida como *bullying* (en inglés). Cerca de 5.700.000 adolescentes en los Estados Unidos son ya bien acosados o acosadores en sus escuelas[11]. Los adolescentes acosados son víctimas física, emocional, sexual, verbal y psicológicamente. El acoso escolar adolescente no se trata solo de «palos y piedras», o de ponerse apodos que puedan luego olvidarse, sino que incluye la difamación, el asalto, e incluso el asalto con armas. Muchos adolescentes que son víctimas de este acoso viven diariamente con el temor a ser intimidados. La crueldad que experimentan carcome su estima, sus nervios, su voluntad y su paciencia, creando una sensación de estar atrapados y sin esperanza. Los adolescentes que sufren de acoso escolar no solo experimentan el dolor de la depresión, sino también el trauma de la persecución diaria. El suicidio puede parecer la única forma de escapar a este terror constante que hace la vida insoportable.

Se dice que los adolescentes que cometen suicidio como resultado de ser intimidados o acosados de este modo, han sido víctimas de *«bullycidio»*. Aunque los chicos acosados son los que se quitan la vida, el hecho se produce como consecuencia de las acciones de otros adolescentes que tal vez nunca sean considerados responsables de «bullycidio». En algunos estados de los Estados Unidos se está intentando crear medidas para responsabilizar a estos otros chicos en los casos de «bullycidio» adolescente.

Algunos adolescentes atormentados llegan a su punto límite y deciden que sus suicidios sean actos de venganza, como en el caso de los asesinatos seguidos de suicidio. Desafortunadamente, los chicos que tienen esta perspectiva están tan traumatizados que es habitual que crean que todo el mundo era culpable de su sufrimiento. Como consecuencia, la venganza puede llegar a ser masiva, con la pérdida de muchas vidas antes de que este adolescente vuelva el arma contra sí mismo y ponga fin a su vida. Los líderes de jóvenes necesitan reconocer los signos de desesperación y entender qué deben hacer cuando los chicos están siendo acosados. Los ministerios de jóvenes de la iglesia deben ser proactivos en contra de la violencia y el acoso escolar[12].

1.3f SUICIDIOS COLECTIVOS

También llamados «suicidios contagiosos», los suicidios colectivos se caracterizan por un brote de intentos de suicidio o suicidios consumados en la misma comunidad, escuela, grupo de jóvenes, o red social de Internet. Algunos suicidios colectivos son una reacción al suicidio de otro adolescente o de alguna celebridad. La Asociación Internacional de Salud Mental y Suicidio (SMHAI según sus siglas en inglés) descubrió recientemente que del 1% al 5% de los suicidios de adolescentes en los Estados Unidos estaban asociados con suicidios colectivos. Esto significa que a cada suicidio adolescente le siguen de 100 a 200 suicidios más por año. La SMHAI también señala que existe evidencia de que la tasa de muertes por suicidio grupal también está aumentando[13].

Normalmente este fenómeno comienza con el suicidio de un adolescente que desencadena un «efecto de avalancha», por medio del cual influye sobre otros adolescentes en situación de riesgo que estaban pensando o intentando suicidarse. Este efecto avalancha se llama «proceso de contagio». Los expertos han identificado algunos factores que influyen en la posibilidad de contagio de suicidio:

IDENTIFICACIÓN. Los adolescentes con los mismos factores estresantes, situaciones de vida similares, y el mismo tipo de depresión, tienden a identificarse con la víctima fallecida. Esta conexión empática puede llegar a resultar tan enredada que estos adolescentes copian la «solución» o «vía de escape» de la víctima, es decir, el suicidio. Algunos adolescentes pueden recurrir a intentos de suicidio utilizando el mismo método, e incluso hacerlo en el mismo lugar que la persona fallecida con quien se sienten identificados. Muchas veces estos grupos de suicidios pueden darse entre los amigos y conocidos de la persona fallecida. Se vuelve importante, entonces, identificar los factores de riesgo que los adolescentes dentro de la comunidad comparten con la persona fallecida, comenzando por la depresión. Aquellos adolescentes que compartan factores comunes con la víctima deberían ser la mayor preocupación de la iglesia.

IMITACIÓN. El suicidio de un adolescente puede tener un «efecto pionero», allanando el camino para otros que puedan haber tenido miedo de intentar el suicidio. Es decir, que el suicidio de un adolescente puede empujar a otros adolescentes que están sufriendo a hacer lo mismo. El suicidio consumado, o incluso la tentativa de un adolescente, pueden darles valor o valentía a otros chicos, y además una especie de permiso para hacer lo mismo.

MEDIOS DE COMUNICACIÓN. Muchas veces la información que reciben los chicos sobre el suicidio de un adolescente proviene de los medios de comunicación o anuncios públicos. Los métodos, motivos, acuerdos para un memorial, entrevistas sensacionalistas de los amigos o de la familia en duelo, etc., pueden avivar el fuego para otros adolescentes que están contemplando el suicidio. El Centro para el Control de Enfermedades de los EE.UU. y el Centro Canadiense para la Prevención del Suicidio han identificado los siguientes aspectos de la cobertura de los medios de comunicación que pueden promover el contagio de suicidio:

- **Explicaciones o razones simplistas para el suicidio.**

- **Información repetitiva, excesiva y permanente sobre todo lo que rodea al suicidio.**

- **Sensacionalismo.**

- **Reportajes del suicidio que describen el «cómo hacerlo» (o el «cómo lo hizo», que es lo mismo).**

- **Presentar el suicidio como una herramienta para lograr ciertos fines.**

- **Glorificar el suicidio o a la persona que se suicidó.**

- **Centrarse en las características positivas de quien se suicidó.**

DRAMA EMOCIONAL. El suicidio de un adolescente crea una atmósfera con una carga emocional muy alta. Los adolescentes son, por la naturaleza de la etapa de desarrollo en que se encuentran, emocionalmente inestables. Esta combinación puede promover el contagio del suicidio. En el libro *¿Qué hacer cuando... los adolescentes lidian con la muerte?* (N. del T.: No disponible aún en español), yo les advierto a los líderes de jóvenes y a sus familias que nunca permitan que se comparta abiertamente durante el servicio fúnebre de un adolescente que se ha suicidado. Generalmente, en esos servicios abiertos, los chicos pueden compartir sus recuerdos y testimonios sobre cómo fueron impactados por la persona que murió. Esto revela y juega a favor del drama emocional que emana naturalmente de los adolescentes. (Al usar la palabra drama no estoy sugiriendo que el dolor de los chicos sea artificial o que sea menos real que el dolor de los adultos; sin embargo, estoy indicando que un intercambio de estas características crea un dolor cíclico, es decir, mantiene a los adolescentes en un estado de dolor. Además, puede que muchos adolescentes no sientan realmente dolor por el fallecido. Pero la atmósfera general de dolor abre las heridas que pueden estar cargando, y se convierte en una oportunidad para que se vuelvan abiertamente emotivos).

Por ejemplo, una vez presencié un servicio funeral de un joven adolescente que fue asesinado por un conductor ebrio, y el tiempo para compartir abiertamente se hizo eterno debido a que un sinnúmero de adolescentes hacían fila para llorar y compartir alguna palabra. Muchos adolescentes iniciaron sus comentarios con: «Realmente yo no lo conocía tan bien, pero...». Un clima tan emocionalmente cargado puede proporcionar empatía, compasión, simpatía y consuelo a los adolescentes, cosas que de otra forma, fuera de esa situación, no experimentarían. Los adolescentes tienen permiso para abrazarse, llorar y estar cerca unos de otros en el dolor, aunque no fueran cercanos a la persona. Pero el clima emocional que se crea si los adolescentes se identifican con el chico o con la celebridad que cometió suicidio puede provocar contagio de suicidio.

INMADUREZ COGNITIVA. A menudo los adolescentes no comprenden del todo lo terminal de la muerte, y quedan atrapados en el momento de la misma. Esta falta de previsión cognitiva puede tener un efecto mortal. La muerte tiene una forma de interrumpir las vidas de otros. Las prioridades se alteran drásticamente, los planes cambian, las escuelas modifican sus horarios, los especialistas andan a toda velocidad, los medios de comunicación cubren y monitorean, las personas hacen vigilias, etc. Incluso las vidas de los que son distantes del adolescente son alteradas por un tiempo: Ellos simpatizan y reflexionan sobre la tragedia y la pérdida de una vida tan joven, están pendientes de las noticias, e incluso puede que asistan a un servicio público de la comunidad o a un memorial. Otros adolescentes observan estas cosas y fantasean con que lo mismo se haría tras sus muertes. Ellos quedan atrapados en el momento, imaginando escenas de cómo serían sus funerales, cómo las personas llorarán su muerte, llevarán luto, o incluso serán confrontados por cosas pasadas hechas y dichas a la víctima del suicidio, respondiendo con arrepentimiento. Sin embargo, estos chicos no se dan cuenta de que en las siguientes semanas y meses el período de intenso dolor se irá diluyendo, y a la larga, con el tiempo, se terminará. La muerte es final, pero la vida continúa.

El Centro para el Control de Enfermedades de los Estados Unidos abordó el problema de este trauma contagioso con unas pautas para la prevención de suicidios grupales. En primer lugar, las organizaciones comunitarias (escuelas, iglesias, organismos y empresas) deben promover la reunión de comités que puedan sensibilizar al público y controlar a los adolescentes en todos los sectores de la comunidad. En segundo lugar, debe haber responsabilidad por parte de los medios de comunicación para no sensacionalizar el suicidio. Esta atención de los medios mantiene el evento presente para los adolescentes y sirve para alimentar las ideaciones irreales de aquellos adolescentes que están sufriendo. Declaraciones cuidadosamente preparadas por líderes de la iglesia, así como el control sobre a quiénes pueden entrevistar los medios de comunicación, y a qué lugares los medios de comunicación no pueden pasar, son esenciales. Por último, la consejería y el apoyo permanente deben ser fácilmente accesibles para los adolescentes. Los adolescentes más cercanos a la situación (por ejemplo, aquellos que asistieron a la escuela con el adolescente fallecido) y los adolescentes que tengan alto riesgo de depresión y de suicidio deben ser controlados más cuidadosamente.

SECCIÓN 2
ENTENDIENDO CÓMO LA TEOLOGÍA SE INTERSECTA CON EL TEMA DE LA DEPRESIÓN Y EL SUICIDIO ADOLESCENTE

2.1 LA TEOLOGÍA QUE HABLA SOBRE LOS TEMAS RELACIONADOS CON LA DEPRESIÓN Y EL SUICIDIO

Como criaturas limitadas creadas a imagen y semejanza de Dios, estamos diseñados para conocer las cosas solo dentro de los límites de la antítesis. En otras palabras, conocemos el amor en contraposición al odio, la luz en contraposición a la oscuridad, la paz en contraposición a las turbulencias, etc. También conocemos la plenitud del gozo en la medida en que experimentamos la plenitud de la tristeza. La tristeza es parte del diseño de Dios. El escritor de Eclesiastés nos recuerda que Dios creó todas las cosas en su tiempo, y que hay una época para cada actividad bajo el cielo, incluyendo «un tiempo para llorar, y un tiempo para reír; un tiempo para estar de luto, y un tiempo para saltar de gusto» (Eclesiastés 3:4).

2.1a TEOLOGÍA QUE TIENE QUE VER CON NUESTROS PUNTOS DE VISTA SOBRE LA DEPRESIÓN

Algunos cristianos y líderes de la iglesia creen que la depresión está directamente ligada a una condición espiritual debilitada. Esta perspectiva nace de la creencia de que Dios nos disciplina eliminando nuestra alegría, para provocar un corazón triste que nos motive a realinearnos con él (como el caso de David, que en el Salmo 51:11-13 le ruega a Dios que le devuelva la alegría de su salvación).

Una vez me encontré con un chico de 13 años que estaba luchando contra una grave depresión (aunque él no sabía que era esto). Él estaba extremadamente triste y no podía explicar por qué, salvo por el hecho de que pensaba que había algo mal en él espiritualmente. Me explicó que él amaba profundamente a Dios, pero que pensaba que Dios no lo quería. Me contó cómo leía su Biblia cada mañana y cada noche, tratando de encontrar una hora cada día para orar (incluso me mostró su diario de oración). También intentaba hablar con sus amigos acerca de Cristo... y la lista continuaba. Por último me dijo que no entendía qué era lo que él había hecho para provocar que Dios lo abandonara.

A este chico le habían enseñado mal las cosas. Su pastor le había explicado que la depresión era el resultado directo de una condición espiritual débil. Y esto le estaba haciendo mucho daño. Recuerdo que pensé que me encantaría estar en el cielo cuando ese pastor tuviera una conversación con Elías, quien en la cumbre de su ministerio estaba deprimido al punto de querer suicidarse. Pero su tristeza le permitió experimentar a Dios de una nueva forma. Y también me pregunto qué le diría ese pastor a Jeremías, llamado «el profeta llorón», quien pasó por la experiencia de vivir todo su ministerio sin ninguna victoria, porque Dios estaba preparando a Israel para el Mesías. En la oscuridad de sus lamentos, Jeremías escribió algunos de los mejores mensajes de esperanza que podemos encontrar en las Escrituras. También me pregunto cómo responderá el pastor cuando se encuentre con Jesús y él le diga: «Hola, soy Jesús... pero puedes llamarme Varón de Dolores», o cuando se encuentre con el Espíritu Santo, y él le diga: «Es bueno verte... ¡he estado sufriendo por ti por tantos años!».

La depresión y la tristeza no son el resultado directo de una condición espiritual dañada. El dolor tiene un propósito en el diseño de Dios y puede ser experimentado por los más santos de los santos del reino de Dios. Sí creo, sin embargo, que la depresión tiene su origen en el pecado, al igual que creo que las enfermedades del corazón, las caries dentales o la diarrea son el resultado de un mundo caído, manchado por el pecado. Junto con toda la creación, Dios desea reconciliar y redimir nuestra depresión y nuestra tristeza. Dios puede sanar y restaurar nuestra alegría. Pero la redención no significa que haya siempre ausencia de dolor. Sentimos dolor por el pecado en el mundo y por nuestro propio pecado, nos sentimos tristes cuando alguien sufre, sentimos tristeza durante nuestro sufrimiento personal, y a veces sentimos un dolor intenso por el sufrimiento de Cristo. Al igual que el amor, la tristeza es compleja. No siempre hay una sola causa y un solo efecto en lo que se refiere a la tristeza. Pero la tristeza tiene un lugar en el plan de Dios y no siempre está directamente relacionada con el pecado personal.

2.1b TEOLOGÍA DE LA MUERTE

Durante siglos las iglesias han fluctuado en su opinión y posición respecto del suicidio. Algunos han calificado el suicidio como un pecado abominable, que viola el mandamiento de Dios de no matar; otros ven el suicidio como un pecado imperdonable, porque el pecador no tiene oportunidad de arrepentirse y se va al infierno. Otros buscan mirar el suicidio como un resultado desesperado de una enfermedad que tomó una vida, como si fuera un cáncer o una enfermedad del corazón. Lo cierto es que la gama de perspectivas teológicas sobre esta materia es muy amplia.

No hay pasajes de las Escrituras que hablen directamente de la opinión de Dios acerca del suicidio. Como la mayoría de los problemas en la vida, si las Escrituras no lo abordan directamente, entonces los cristianos buscan los temas y pasajes de la Biblia que pueden echar luz sobre esta perspectiva.

Veamos primero el tema del suicidio como un pecado imperdonable. Jesús dijo que a todos se les perdonarán sus pecados «excepto a quien blasfeme contra el Espíritu Santo. Éste no tendrá perdón jamás; es culpable de un pecado eterno» (Marcos 3:29). El Espíritu Santo es quien lleva a la gente a la convicción de que necesitamos un Salvador y que este es Cristo Jesús. El rechazar continuamente esa convicción con incredulidad es la blasfemia de la que habla Jesús. Jesús nunca dijo: «Si tomas tu propia vida, eso es imperdonable». Nuestra teología de la expiación y la salvación se vuelve entonces vital para aportar a nuestros puntos de vista sobre el suicidio.

Probablemente hay un montón de pecado en nuestras vidas del que no estamos conscientes. La buena noticia es que la redención de Dios es permanente, continua y poderosa. Con esa perspectiva, podemos concluir que el suicidio es pecado, sin embargo, no está más allá del alcance de la expiación. Otra forma de ver esto es que el suicidio es resultado del pecado, pero no por esto está fuera de la reconciliación con Dios por medio de Cristo.

El suicidio es una cosa terrible. Puede ocurrir como resultado de enfermedades fisiológicas. Puede ocurrir porque un adolescente no tiene la esperanza para seguir viviendo. La responsabilidad de la iglesia no es discutir sobre si el suicidio está bien o mal, ni tampoco debatir sobre el destino eterno de los que han tomado sus propias vidas. Nuestra responsabilidad es traer sanidad, esperanza y restauración al mundo enfermo de los adolescentes quebrantados y dolidos. La pregunta teológica, entonces, es: ¿Cómo podemos traer sanidad, esperanza y restauración a los adolescentes deprimidos?

He conocido a adolescentes deprimidos y sufrientes que deseaban escapar de su dolor e irse a su hogar en el cielo.

Normalmente estos chicos hablan de no encontrar ningún alivio para su tristeza, y mencionan que desearían que Dios los lleve a estar con él. Este tipo de conversaciones es indicativo de la ideación suicida. Estas señales verbales deberían alertarte acerca de que un adolescente está pensando en suicidarse. Este tipo de palabras y de pensamientos pueden venir de chicos cristianos que aman a Jesús, pero que están cegados por el dolor. Por lo tanto, es importante que los líderes de jóvenes entiendan el rol de la esperanza y el sufrimiento en las vidas de los adolescentes. Debemos definir la esperanza, enseñar a nuestros chicos a vivir en la esperanza mucho antes de que se encuentren con la depresión, y ayudarlos a entender que el sufrimiento no significa la pérdida de la esperanza, así como tampoco la esperanza curará siempre el sufrimiento.

NOTA: He esbozado una visión más detallada sobre la teología de la muerte en otro título de esta serie: *¿Qué hacer cuando... los adolescentes lidian con la muerte? (N. del T.: No disponible aún en español).*

2.1c TEOLOGÍA DE LA ESPERANZA Y DE LA RESTAURACIÓN

Nuestra perspectiva teológica respecto de la esperanza y la restauración no se puede formular aparte de cómo vemos el dolor y el sufrimiento. Debemos considerar lo que creemos sobre «la esperanza en Cristo» y cómo esto se relaciona con el alivio del sufrimiento físico, mental y emocional. También debemos tener cuidado de no hacer que nuestra teología de la esperanza esté tan centrada en la eternidad que se vuelva impotente para el día de hoy, dirigiendo toda nuestra atención al hecho de que estaremos con Cristo en el cielo. Esa perspectiva solo acentúa el sufrimiento de los adolescentes deprimidos y hace más atractiva la alternativa de la muerte.

Un buen punto de partida para el desarrollo de una teología de la esperanza es definir la palabra en sí. Utilizamos la palabra esperanza en muchas formas para decir muchas cosas: «Tengo la esperanza de conseguir una cita para el baile» o «Superman es la esperanza de nuestro planeta» o «Todavía hay esperanza para ese tipo». La esperanza se utiliza para nombrar nuestras ilusiones, nuestros deseos para el futuro, e incluso nuestras percepciones sobre el potencial de alguien. Sin embargo, la esperanza para los adolescentes deprimidos puede traducirse en desear que la vida termine. Tenemos que ayudar a los adolescentes a entender que la esperanza para los cristianos radica en el cumplimiento de las promesas de la Palabra de Dios, y que Dios lo que anhela es la reconciliación.

Nuestra teología de la reconciliación debe basarse en la creencia de que Dios trae sanidad a los heridos, nuevas fuerzas a los quebrantados, y consuelo a los afligidos. Todo eso es el resultado de Dios reconciliándose con un mundo de pecado por medio de Jesucristo. Dios está tan empeñado en reconciliar al mundo consigo mismo que nos encarga el ministerio de la reconciliación (2 Corintios 5:17-20). En la práctica, eso significa que estamos aquí para llevar esperanza a las vidas de los adolescentes deprimidos, amándolos, escuchándolos, afirmándolos, mostrándoles empatía, orando por ellos y valorándolos.

2.1d TEOLOGÍA DE LA SALUD Y LA SANIDAD

Entre los líderes de la iglesia, y entre los cristianos en general, existen diferentes perspectivas sobre el uso de medicamentos para tratar la depresión y otras enfermedades psicológicas/emocionales. Algunos no toman medicamentos, creyendo que su uso demuestra falta de fe en que Dios puede sanar. Otros cristianos sí creen que Dios puede traer la curación a través de la sabiduría médica y el uso de dichos medicamentos. Debido a que los líderes de la iglesia están divididos sobre esta cuestión, muchos cristianos se muestran escépticos respecto del uso de medicamentos para tratar problemas emocionales y psicológicos.

Las comunidades médicas y de salud mental han hecho grandes avances en la investigación y en los usos de los medicamentos antidepresivos. Estos productos farmacéuticos a menudo traen gran alivio y equilibrio a la vida de los que están luchando con la depresión clínica. Algunos pueden estar mucho más saludables con la medicación debido a que sus cuerpos no funcionan correctamente sin ella (algo similar a los diabéticos que toman insulina). Los adolescentes que toman estos medicamentos pueden ser profundamente heridos por otras personas que no pensaron lo suficiente su teología de la sanidad. Mi desafío para cada líder de jóvenes es que pueda formular una teología de la curación que se relacione con la tecnología médica y los problemas, las enfermedades y el quebrantamiento que afectan la vida de los adolescentes.

2.2 PREGUNTAS QUE DEMANDAN UNA CONSIDERACIÓN TEOLÓGICA

En lugar de darte una respuesta teológica, mi esperanza es que tú consideres cuidadosamente los temas importantes y trabajes para desarrollar tu propia teología. Por esta razón, no ofreceré respuestas concretas a las preguntas de esta sección, sino que te ayudaré a formular respuestas... o te animaré a que ayudes a los adolescentes a formular sus propias respuestas. Algunas de las preguntas ya han sido puestas en perspectiva en la sección anterior, cuando planteamos los temas teológicos. Mi anhelo es que esta discusión te dé más en qué pensar a medida que consideras tus respuestas a cada una de estas preguntas.

2.2a ¿UNA PERSONA QUE SE SUICIDA SE VA AL INFIERNO?

Esta es una pregunta peligrosa de responder. Es necesario buscar sabiduría antes de dar abiertamente tu opinión sobre este punto. Los adolescentes que te hacen esta pregunta pueden estar buscando vencer este último obstáculo que les impide cometer el suicidio, por lo que tu respuesta es increíblemente importante. Además, ten cuidado cuando los adolescentes hacen esta pregunta después del suicidio de otro adolescente que ellos conocen. Podrías estar viendo a otro suicida en formación.

Si te estás preguntando cómo el responder a esta pregunta, sea afirmativa o negativamente, puede ayudar a los adolescentes a decidirse a cometer suicidio, considera lo siguiente:

SI RESPONDES: «NO, LA PERSONA NO VA AL INFIERNO», o alguna variante de esta respuesta (como «No estoy seguro... pero la Biblia dice que aquellos que no creen en Cristo son los únicos que se van al infierno»), entonces el joven que anda indagando puede estar convencido de que no irá al infierno... y por lo tanto la muerte realmente aparentará ser el gran escape del infierno en el que ya está viviendo.

SI RESPONDES: «SÍ, LA PERSONA IRÁ AL INFIERNO, porque no hay oportunidad para el arrepentimiento luego del pecado de quitarse la vida, ya que por haber cometido suicidio la persona está muerta», esto les confirma a los adolescentes, que ya se sentían poco valiosos, que realmente son unos fracasados por estar pensando en suicidarse. Puesto que no están pensando con claridad, es posible que se imaginen que ni siquiera en la eternidad tienen esperanza... por lo tanto, deben simplemente ponerle fin a todo. Otra forma en que he escuchado que esta respuesta resulta contraproducente es en el caso de muchos adolescentes que deciden cortarse las venas o tomar pastillas, porque estas formas de suicidio les dan tiempo para hacer una oración de arrepentimiento antes de morir.

Cuando nos enfrentamos con esta pregunta, debemos preguntarle al adolescente por qué la está haciendo. Dependiendo de las razones que te dé la persona, puedes responder a la pregunta de forma totalmente diferente. Sus respuestas también te pueden dar indicios acerca de si está pensando en suicidarse, y esto te dará la oportunidad de averiguar qué es lo que está originando esos pensamientos. También puedes directamente preguntarle con valentía si está pensando o planeando acabar con su propia vida.

En todo esto, es importante que te des cuenta del dolor y el sufrimiento que un adolescente puede estar experimentando. Cuando un adolescente pregunta si una persona que se suicida va al infierno, no es el momento para dar un discurso teológico sobre el suicidio. No es el momento para enseñar la doctrina correcta. Se trata de una señal verbal que debes aprovechar. Debes averiguar por qué el chico está haciendo esa pregunta. En el caso de que el adolescente no esté deprimido y sea solo por curiosidad, podría significar que llevará esa información a un amigo que está luchando. Debes estar consciente de que tu respuesta puede tener consecuencias de vida o muerte. La mejor respuesta, entonces, sería decir: «La iglesia ha tenido diferentes puntos de vista respecto a esta cuestión porque no se habla de ello directamente en las Escrituras. Además, lo importante no es si alguien va a ir o no al infierno si comete suicidio, sino ¿por qué alguien estaría pensando en el suicidio?».

2.2b ¿HAY ALGO MAL EN MI VIDA ESPIRITUAL SI ME SIENTO DEPRIMIDO?

Esta es una pregunta capciosa. Si respondes que no, la réplica puede ser: «Entonces, ¿por qué Dios no alivia mi dolor?». Si respondes que sí, la pregunta vuelve de la misma forma, solo que con una pepita adicional: «He hecho todo lo posible para estar bien con Dios... se ve que Dios no me ama». Se necesita sabiduría para discernir cuál es el verdadero interrogante que hay detrás de la pregunta. Muchas veces la pregunta es en realidad acerca de la gracia de Dios, la misericordia y la sanidad, así como de por qué Dios permite el dolor, el sufrimiento, el quebranto, e incluso la desesperación y la muerte. Así que escucha atentamente. Y haz preguntas aclaratorias para que sepas cuáles son los verdaderos problemas y preguntas.

2.2c ¿LA DEPRESIÓN Y LA IDEACIÓN SUICIDA SON REALMENTE OPRESIONES DEMONÍACAS?

Esta es una pregunta compleja, por lo cual debes tomarte tiempo para explorarla a fondo. En síntesis, la respuesta puede ser, dependiendo de la situación: «Sí, podría ser una opresión demoníaca», o «No, probablemente no sea una opresión demoníaca». Hay una realidad espiritual: Satanás y sus demonios tienen la intención de destruirnos. Por lo tanto, la pregunta es: ¿Pueden Satanás y sus demonios confundir y oprimir a una persona hasta el punto de llevarla a la autodestrucción? Sí, yo creo que esto puede suceder. Por otra parte, muchos cristianos a lo largo de los siglos han creído que las fuerzas demoníacas son las causantes de todo lo malo, desde la locura, pasando por los dolores de cabeza, y hasta al acné. Pero los avances médicos han cambiado algunos de esos puntos de vista (por ejemplo, una pequeña píldora llamada aspirina parece ser capaz de hacer desaparecer a los demonios). Obviamente, debemos llegar a un punto de vista equilibrado y no vivir en un estado de paranoia respecto a la actividad demoníaca.

También hay un aspecto fisiológico relacionado con la depresión severa. La depresión es tratable con los medicamentos apropiados. Algunas personas que no están familiarizadas con los antidepresivos tal vez piensen en los adolescentes que están medicados y se los imaginen con la mirada vidriosa, letárgicos e incoherentes... en un sentido, peor que cuando estaban en un estado depresivo. Pero si se le administran las dosis y la medicación correcta, un chico deprimido puede vivir normalmente con una perspectiva positiva, mayor energía, y funcionando con mayor claridad. Cuando los medicamentos se muestran eficaces, entonces es lógico concluir que la depresión adolescente tenía una raíz fisiológica y no era por influencia demoníaca.

Si conoces adolescentes que estén deprimidos, sugiéreles que vean a consejeros que puedan ayudarlos a entender su depresión y a prepararlos con habilidades de enfrentamiento; a psiquiatras que puedan recomendar los medicamentos apropiados, y a líderes de jóvenes o pastores que puedan orar por su bienestar, por su integridad y contra las fuerzas demoníacas que podrían venir contra ellos.

2.3 PASAJES DE LAS ESCRITURAS PARA TENER EN CUENTA

Mateo 11:27-30.
Jesús nos invita a venir a él cuando sentimos que las cosas de la vida son abrumadoras. Él promete descanso para nuestras almas.

Salmo 23.
Dios habla de restauración, incluso en la sombra de muerte.

Salmos de David.
Hasta el hombre que fue llamado «conforme al corazón de Dios» a veces sentía la desesperación de la depresión. A través de canciones y poemas, David clama a Dios por fuerza, gozo y salvación. Él anhela que Dios lo rescate de la tristeza y del miedo que siente. La experiencia de David es similar a la que muchos adolescentes deprimidos están atravesando, y sus formas de ver la situación y sus conclusiones pueden restaurar la esperanza para los adolescentes.

1 Reyes 18—19.
Aquí vemos la depresión de Elías a la luz de una gran victoria espiritual. También vemos cómo encuentra y descubre a Dios en una nueva y poderosa forma... *mientras está deprimido.*

SECCIÓN 3
ACCIONES PRÁCTICAS PARA TOMAR EN CUENTA CUANDO LOS ADOLESCENTES SE DEPRIMEN O CONTEMPLAN EL SUICIDIO

3.1 AYUDANDO A LAS FAMILIAS A ENFRENTAR LA DEPRESIÓN ADOLESCENTE

Los miembros de la familia de un adolescente deprimido a menudo se sienten exhaustos, irritados, impacientes, rechazados, frustrados, enojados, e incluso tristes y desesperados. Esto puede llevar a que haya tensión y conflicto familiar, lo cual puede arrojar a una depresión más honda a un ya frágil adolescente.

Algunas cosas que puedes hacer por las familias que están enfrentando la depresión adolescente son:

AYUDA A LOS PADRES A VER QUE LA FRUSTRACIÓN, EL RECHAZO Y LA IMPACIENCIA QUE SIENTEN SON RESPUESTAS NORMALES. Muchas veces, la falta de paciencia puede ser el resultado de algún tipo de ignorancia o malentendido acerca de lo que es la depresión.

AYUDA A LOS PADRES A ENTENDER QUE UN ENFOQUE DE «DISCIPLINA ESTRICTA» PARA INTENTAR RESOLVER UNA DEPRESIÓN ADOLESCENTE PUEDE EN REALIDAD EMPEORAR LAS COSAS. He conocido padres que les ladran a sus adolescentes deprimidos, diciendo: «¡Supera esto! ¡Estoy harto de tu lloriqueo!». Algunos padres recurren al castigo cuando no se cumplen las responsabilidades en casa, pensando que el letargo y la fatiga de su hijo o hija es flojera, o que se trata de una táctica para evadir sus responsabilidades. O puede que vean la irritabilidad como una forma de rebeldía. Pero la realidad es que al ahondarse la depresión, una mano disciplinadora solo hace que el adolescente se sienta derrotado e incapaz de complacer a sus padres. Los papás deben ser comprensivos y darse cuenta de que el castigo no sacudirá fuera de su estado depresivo a los adolescentes. Por otro lado, los padres sí deben

mantener los límites, responsabilidades y expectativas que son parte de la rutina normal de sus adolescentes, pero de manera amorosa. Este sentido de «normalidad» crea una muy necesitada seguridad y mantiene a los adolescentes dentro de patrones de actividad que, si se dejaran de lado, los llevarían a un estado depresivo aun mayor. Los padres pueden explicar a sus adolescentes que entienden que es difícil para ellos mantenerse motivados, pero que el cumplir las expectativas rutinarias del diario vivir les ayudará a mantener la depresión a raya.

AYUDA A LOS MIEMBROS DE LA FAMILIA A EDUCARSE SOBRE LA ENFERMEDAD DE LA DEPRESIÓN.
Muchas veces este paso se convierte en un factor crucial a la hora de definir la estrategia familiar para enfrentar este problema. Una comprensión apropiada de la depresión puede, en muchas ocasiones, reordenar las expectativas y percepciones que los familiares tienen sobre el adolescente deprimido.

PIENSA QUE ES POSIBLE QUE LOS PADRES NO TENGAN A DÓNDE ACUDIR.
Muchas veces los padres u otros familiares solo necesitan la empatía de alguien que comprenda la difícil carga que significa cuidar a un adolescente depresivo. Se necesita una increíble cantidad de energía para mantenerse paciente y esperanzado, y para poder dar apoyo a un adolescente deprimido. Sin embargo, esto se hace más fácil cuando los padres cuentan con confidentes que les apoyen con amor. Además, se debe incentivar a los padres a compartir lo que está sucediendo con gente de confianza. Es posible que los padres eviten hablar de las luchas de su adolescente debido a sentimientos de culpabilidad o vergüenza. El contar con personas de confianza en una red social más amplia puede ayudar a las familias a enfrentar la situación de una mejor forma.

A VECES ES IMPORTANTE RECORDARLES A LOS MIEMBROS DE LA FAMILIA QUE SUS ADOLESCENTES DEPRIMIDOS ESTÁN SUFRIENDO, Y QUE ELLOS DEBEN SOBRELLEVARLO CON COMPRENSIÓN Y PACIENCIA. Algunos padres pueden volverse tan impacientes que comprometen la calidad del cuidado al cambiar el foco de atención hacia ellos mismos. El estrés de vivir con adolescentes deprimidos puede hacer que algunos padres se vuelvan necesitados y busquen atención para ellos mismos. Por esta razón, con amor, debes ayudarles a ver que aunque ellos estén experimentando los efectos de vivir con adolescentes deprimidos, los adolescentes deben ser el punto focal de los cuidados.

TEN EN CUENTA QUE LOS HERMANOS, ESPECIALMENTE LOS MÁS PEQUEÑOS, PUEDEN NO ENTENDER Y SENTIRSE PERDIDOS O IGNORADOS POR CAUSA DEL INTENSO FOCO DE ATENCIÓN PUESTO SOBRE LOS ADOLESCENTES DEPRIMIDOS Y SUICIDAS. Prestar algo de atención a los hermanos puede traer mucha sanidad a sus vidas. Así también el saber que la iglesia está cuidando de sus hijos puede traer un mayor alivio a las familias.

CUANDO TE ENCUENTRES CON LOS HERMANOS, PREGÚNTALES LO QUE PIENSAN SOBRE LO QUE ESTÁ SUCEDIENDO EN SUS FAMILIAS. Pregúntales lo que piensan sobre el estado (deprimido) de su hermano/a. Y estate preparado para la respuesta. Puede que expresen miedo de que algo malo les suceda a sus familias. Si su hermano/a ha intentado suicidarse, los hermanos pueden estar sintiendo mucha ansiedad, o pueden sentir enojo o resentimiento por la falta de atención que están recibiendo últimamente. Pueden sentir culpa y dolor al pensar que la rivalidad entre ellos fue lo que causó la depresión o el intento de suicidio. Pueden pensar que son en parte o completamente responsables por el estado emocional de su hermano/a. En resumen: ayuda a los hermanos a comprender la depresión.

DESAFÍA A LAS FAMILIAS DE LOS ADOLESCENTES DEPRIMIDOS A BUSCAR AYUDA EN GRUPOS DE APOYO. Estos grupos proveen la empatía necesaria, así como también puede haber miembros allí que hayan pasado por experiencias similares y que tengan estrategias saludables de enfrentamiento que ellos puedan aprender. Los padres pueden encontrar estos grupos de apoyo a través de los centros de consejería que están tratando la depresión de su adolescente.

PIENSA EN ABRIR UN GRUPO DE APOYO DENTRO DE TU ZONA SI NO EXISTE NINGUNO. Si tu iglesia realmente quiere ministrar a los adolescentes heridos y a sus familias, debe ofrecer un grupo de apoyo. El peor momento para intentar comenzar un ministerio de apoyo para las familias es cuando esas familias ya están en agonía. El antiguo dicho: «Si lo construyes, vendrán», resulta definitivamente cierto en este caso.

TEN EN CUENTA QUE ALGUNOS PADRES PUEDEN SENTIR CULPA Y DOLOR POR LA DEPRESIÓN DE SU ADOLESCENTE, YA QUE PUEDEN SENTIRSE MALOS PADRES. Tal vez estén buscando en la crianza que le dieron a sus hijos, incidentes, principios o decisiones que puedan haber provocado la depresión en sus adolescentes. Tal vez estén cuestionando sus propias vidas y su madurez espiritual, preguntándose si el sentido de vergüenza y estigma espiritual que la depresión trae consigo en ciertos círculos cristianos ha contribuido a la enfermedad de su adolescente. Una vez más, una buena compresión acerca de la depresión puede ayudar a estos padres a enfrentarla mucho mejor.

RECUÉRDALES A LAS FAMILIAS QUE DEBEN TRABAJAR PARA MANTENERSE SALUDABLES, BALANCEANDO SUS RUTINAS, COMIENDO

SANO, DURMIENDO Y PRACTICANDO RUTINAS DE EJERCICIO, MANTENIÉNDOSE CONECTADOS SOCIALMENTE Y PARTICIPANDO EN UNA TERAPIA FAMILIAR JUNTO A SUS ADOLESCENTES DEPRIMIDOS.

ENSEÑA. LA MAYORÍA DE LOS PADRES Y LÍDERES DE JÓVENES NO CONOCEN LA DIFERENCIA ENTRE LOS VARIADOS PROFESIONALES DE LA SALUD MENTAL QUE EXISTEN NI SUS ESPECIALIDADES. Aquí tienes algunas definiciones:

· Psiquiatra:
Un profesional médico que se especializa en temas de salud mental. Un psiquiatra regula y monitorea los factores fisiológicos que juegan parte en el estado mental de los adolescentes deprimidos, pero no hace demasiada terapia. Un psiquiatra es el único profesional de la salud mental que puede administrar medicamentos. Esta es la razón por la cual, a menudo, un psiquiatra les recomendará hacer psicoterapia (o consejería) con un psicólogo, y un psicólogo les recomendará que un psiquiatra esté involucrado en el tratamiento. Ambos son jugadores esenciales en el equipo tratante del adolescente deprimido.

· Psicólogo clínico:
(También puede ser llamado consejero, terapeuta o psico-terapeuta). Puede ser licenciado o tener un doctorado. Este profesional es, en gran parte, responsable por el aspecto cognitivo y emocional del problema que se presenta. Un consejero establecerá una conversación honesta con el adolescente, ayudará a elaborar conductas y planes de acción, brindará herramientas y ofrecerá una perspectiva que podrá ayudar al adolescente a librarse del problema. Esto se hace generalmente por medio de sesiones regulares (cada semana o semana por medio). Es importante que el terapeuta tenga cierto nivel de experiencia en el área de la adolescencia, ya que la complejidad

de esa etapa de la vida debe ser bien manejada. Si el terapeuta no es experto ni se especializa en el desarrollo del adolescente y sus desórdenes, entonces le puede faltar la intuición necesaria para ayudar de forma más efectiva.

· Trabajador social:

Es un consejero con un título habilitante. El trabajador social tiende a tratar más con los sistemas que rodean a la persona que tiene el problema, principalmente al adolescente y su dinámica familiar. Los trabajadores sociales con entrenamiento especial en el área de la adolescencia pueden ofrecer una ayuda más específica en estos casos.

· Terapeuta matrimonial y familiar:

Tiene un título especial para este tipo de prácticas. Su área de especialidad es la dinámica relacional entre parejas y familias. Algunos terapeutas tratan temas familiares exclusivamente, mientras que otros se enfocan solo en conflictos interpersonales entre las parejas. Estos terapeutas pueden ser de mucha ayuda para apoyar a las familias, pero no necesariamente son los mejores especialistas para los adolescentes con necesidades individuales de consejería.

SI LOS ADOLESCENTES DEPRIMIDOS ESTÁN EN TRATAMIENTO, ALIÉNTALOS A SEGUIR CON EL PLAN DE TRATAMIENTO. La mejor forma de apoyar a los adolescentes deprimidos es haciéndoles rendir cuentas para verificar que estén siguiendo las órdenes del doctor. Además, alienta a los padres a ser fieles también ellos al plan. Eso implica el monitoreo de los medicamentos, asegurarse de no perderse las sesiones de consejería, mantenerse al tanto de las tareas diarias a cumplir, etc.

3.2 MANEJANDO EL DRAMA QUE RODEA A LA DEPRESIÓN DENTRO DE LOS GRUPOS DE JÓVENES

La miseria ama la compañía. Ese viejo dicho se hace realidad en el caso de los adolescentes emocionalmente vulnerables. Los adolescentes deprimidos pueden ser catalizadores de mucho drama negativo dentro del ministerio de jóvenes. De hecho, la depresión de un adolescente puede producir una avalancha de respuestas emotivas por parte de los otros adolescentes, respuestas tales como: codependencia, empatía malsana, cuidados excesivos, o imitación para buscar la atención de los demás. Muchas veces los adolescentes deprimidos no quieren que el drama que ellos producen termine (por ejemplo: el ciclo de tristeza, trauma y empatía), ya que les da la cercanía con los demás que ellos tanto añoran. Las que siguen son claves importantes para tratar el drama negativo que es generado dentro de un grupo de jóvenes:

LA NEGATIVIDAD PUEDE CONVERTIRSE EN LA IDENTIDAD DE UN INDIVIDUO O GRUPO. Aunque es importante reconocer que existe un tiempo para estar tristes, también hay un tiempo para la alegría, el gozo, la celebración, la esperanza, la risa y el baile. Estas son las dinámicas que deben marcar la identidad de un ministerio de jóvenes. Aun más, es importante que estas virtudes positivas sean ensalzadas y verbalmente proclamadas como las marcas distintivas de la comunidad cristiana. Si el carácter distintivo del ministerio de jóvenes se ve empañado por el drama generado por los adolescentes deprimidos, hay que desafiar verbalmente a los jóvenes a que no permitan que esto ocurra y las conductas negativas deben ser confrontadas.

HAZ QUE TU MINISTERIO JUVENIL SEA UN MINISTERIO MARCADO POR EL AMOR. El amor es empático y simpático, pero también trae esperanza, sanidad y restauración. Los ambientes saludables y amables generalmente aplacan el drama negativo. Algunas claves importantes para construir una comunidad de amor y más libre de drama son:

- **Ten líderes adultos que den un ejemplo sano de respuestas y conductas amables.** Muestra a los adolescentes cómo consolarse unos a otros de manera saludable, cómo ir en busca de recursos efectivos, y tal vez incluso cómo buscar ayuda profesional si el consuelo no es suficiente. Vive en esperanza, y enseña cómo vivir en esperanza.

- **En todo tiempo ama a los adolescentes que nadie ama.** Habla de esto con tus adolescentes, demuéstralo en tu equipo de liderazgo, y busca que sea una marca distintiva de tu ministerio juvenil. Si amar a los que nadie ama se convierte en la norma, eso minimizará la necesidad de llamar la atención dramáticamente.

- **Escucha.** A veces debes involucrarte y confrontar el drama negativo. La parte desafortunada de la confrontación es que los adolescentes confrontados pueden sentir que no se les quiere ni se les escucha en sus dificultades. Pero si practicas buenas técnicas para escuchar, probablemente los adolescentes se sentirán amados y acogidos incluso en medio de una confrontación. Desafía a los adolescentes heridos a que hablen con personas que sepan escuchar y que pueden movilizar los recursos de manera efectiva para ayudarlos.

- **Ora por un clima de amor y de no negatividad.** La oración es una de las herramientas más efectivas en nuestro arsenal.

ALGUNOS ADOLESCENTES DEPRESIVOS DEMANDAN MUCHA ATENCIÓN.

Ellos pueden crear un drama haciendo que sus sentimientos y dolor sean el tema central de cada conversación, consumiendo así las fuerzas de los amigos y líderes adultos que los rodean. Luego, cuando ellos se agotan, los adolescentes buscan nuevas personas que no estén familiarizadas con sus situaciones difíciles para así poder recibir más atención y compasión. La mejor forma de controlar este ciclo es estableciendo límites fuertes, amables y claros para los adolescentes deprimidos, incluyendo una red de profesionales y gente dispuesta a cuidarles por fuera del ministerio de jóvenes. Los padres o tutores, consejeros, doctores y (solo) un líder de jóvenes deben ser parte de esta red. Ese líder de jóvenes se convertirá en el punto de encuentro entre los adolescentes necesitados y los otros líderes de jóvenes, si tu grupo los tiene. Este grupo más amplio de líderes se mantendrá atento y ayudará a redirigir las conductas dramáticas y poco sanas. A los otros líderes se les debe hacer saber que cuando los adolescentes necesitados entran en un estado de mayor necesidad, deben dirigirlos al líder a cargo, quien estará al tanto de los planes de su tratamiento a través de la familia.

VALIDA LOS SENTIMIENTOS DE UN ADOLESCENTE HERIDO PERO APLACA EL DRAMA.

La tristeza y el dolor no deben ser menospreciados ni se les debe bajar el perfil, pero el sentido común y una comprensión del desarrollo del adolescente pueden darles a los padres y líderes de jóvenes el discernimiento para comprender cuándo el dolor es apropiado y cuándo se está usando para llamar la atención.

SE DEBE FRENAR LA NECESIDAD DE LLAMAR LA ATENCIÓN DE FORMA NEGATIVA.

A los adolescentes dolidos se les deben asignar

cuidadores adultos. Estos cuidadores pueden ofrecer la atención apropiada que necesita un adolescente que está sufriendo. Otra forma de frenar la necesidad de llamar la atención de forma negativa es enseñando estrategias sanas de enfrentamiento (por ejemplo: registrar sus experiencias en una agenda o diario íntimo, tener un solo confidente que ayude a pasar por una situación negativa, o pedir la ayuda de profesionales entrenados). Si el deseo de recibir atención del adolescente supera su dolor, entonces puede ser que sabotee las estrategias sanas. Si se llega a esto, se debe confrontar la conducta del adolescente y habrá que buscar crear límites saludables junto con sus padres.

PON ÉNFASIS EN LA ESPERANZA QUE TENEMOS EN CRISTO. Los adolescentes deben saber (y hay que recordárselos) todo lo que tienen en Cristo, desde una comunidad familiar que los apoya hasta un futuro eternal en un magnífico reino. La inmensidad de esas verdades les ayudará a ver que la tristeza, aunque intensa y dolorosa, es solo algo pasajero comparado con nuestra esperanza eterna. Ayuda a los adolescentes deprimidos y a los grupos de jóvenes a sostenerse en la verdad de que Dios se reconcilia continuamente con nosotros de acuerdo a su tiempo y su propósito. Las cosas viejas pasan y todo se hace nuevo. Permite que los chicos dolidos y deprimidos sepan que Dios también nos invita a un ministerio de reconciliación para que seamos parte de las cosas grandiosas que él está haciendo en el mundo (2 Corintios 5:17-20).

3.3 CLAVES PARA TRATAR CON ADOLESCENTES QUE CONTEMPLAN EL SUICIDIO

El solo hecho de pensar en enfrentar una intervención suicida sobrepasa a cualquier líder de jóvenes. Muchos creen que este tema está completamente fuera de sus habilidades y que debe ser reservado para los profesionales de la salud mental. Aun cuando el seguimiento y el posterior cuidado es algo en lo cual definitivamente deben estar involucrados los profesionales, la intervención suicida generalmente la llevan a cabo quienes están en primera línea frente a los adolescentes. De hecho, la mayoría de los teléfonos de emergencia para ayudar a quienes contemplan el suicidio son atendidos por consejeros que no son profesionales, pero que cuentan con algún entrenamiento básico. Si un adolescente te está hablando de suicidio, mantén la calma. Si tú o uno de los padres, profesores o consejeros pueden estar físicamente junto con el adolescente, la inmediatez del peligro se disminuye de gran manera. Es muy poco probable que un adolescente intente suicidarse mientras alguien está con él.

Primero debes saber cómo evaluar la gravedad de la situación. Los siguientes factores están ordenados en orden progresivo. Con cada factor que se añade al primero, la situación se vuelve más grave.

1. UN ADOLESCENTE ESTÁ EN PELIGRO SI MUESTRA SEÑALES DE ESTAR IDEANDO SU SUICIDIO (VER LA SECCIÓN 1 DE ESTE LIBRO) Y SI HABLA FRONTALMENTE SOBRE LA MUERTE, MORIRSE O INTENTAR SUICIDARSE. Si el adolescente ha estado pensando en morirse o ha contemplado la idea de estar muerto, esto

puede indicar la presencia de una ideación suicida. Deberías preguntarle: «¿Has pensado en quitarte la vida?» o «¿Piensas en hacerte daño cuando te pones muy triste?».

2. **SI UN ADOLESCENTE TE HABLA SOBRE MORIR, LA MUERTE O INTENTOS DE SUICIDIO, Y ADEMÁS ESE ADOLESCENTE ES UN CHICO MARGINADO EN TU GRUPO DE JÓVENES, O APENAS TIENES UNA FRÁGIL CONEXIÓN CON ÉL, O SOLO HA VISITADO EL GRUPO JUVENIL UN PAR DE VECES, ENTONCES ESTÁ EN UN GRUPO DE RIESGO AUN MAYOR.** Lo más probable es que ya haya agotado su propia red de contención y ahora busque gente en autoridad con quien poder hablar.

3. **DESPUÉS DE LA IDEACIÓN ESTÁ LA CONTEMPLACIÓN.** Esto involucra estrategias y planificación del suicidio. De nuevo, debes preguntarle de frente: «¿Has pensado en formas de cómo podrías suicidarte?». El adolescente estará en mayor riesgo cuanto más detallado sea el plan (por ejemplo: conocimiento del método, fecha, hora, etc).

4. **EL ADOLESCENTE ESTARÁ EN MAYOR RIESGO Y A UN PASO DE CONCRETAR EL INTENTO SI LAS ACCIONES Y ACTITUDES DEL ADOLESCENTE YA HAN PUESTO EN MARCHA EL PLAN (POR EJEMPLO: SI HA ADQUIRIDO MEDICAMENTOS, SI HA ESCRITO NOTAS O REGALADO POSESIONES, ETC.).** Debe tomarse acción inmediata si un intento de suicidio forma parte de la historia del adolescente. Nuevamente, esta información se puede obtener haciendo preguntas de frente: «¿Tienes todo lo que necesitas para llevar a cabo tu plan?». Además, podrías preguntar: «¿Vas a hacer esto ahora, hoy?».

Si concluyes que este adolescente está en peligro inmediato, debes quedarte con él y llamar a la policía para una intervención. Si puedes lograr que el adolescente llegue a una sala de emergencias de un hospital, hazlo. Muchas veces se puede convencer a los adolescentes de esta opción porque están desesperados.

3.3a ¿QUÉ HACER?

Puedes realizar las siguientes acciones cuando te ves frente a un adolescente que contempla el suicidio:

CONOCE LAS SEÑALES DE ADVERTENCIA. No puedo enfatizar esto lo suficiente. Mientras escribía este libro, un amigo me contó de un chico de secundaria que había acabado con su propia vida el mes anterior. El chico vivía a tres casas de mi amigo. Su comentario fue: «Absolutamente nadie lo vio venir». Entonces le conté acerca de algunas de las señales de advertencia, y él comenzó a darse cuenta de que muchas de las señales fueron pasadas por alto. ¡Debes conocer las señales!

SI LOS ADOLESCENTES ESTÁN HABLANDO SOBRE SU DOLOR Y TRISTEZA, NO TE APRESURES A OFRECER SOLUCIONES. Escucha sin juzgar ni ofrecer consejo ni dar sermones. Si escuchas cuidadosamente podrás descubrir más señales de advertencia. Si los adolescentes están hablando sobre el suicidio, te repito, escucha, y luego pregunta más para que te puedan contar sobre sus sentimientos. Si se les está haciendo difícil poner sus emociones en palabras, entonces ayúdalos diciendo algo como: «Si tus sentimientos fueran una pintura, ¿cómo sería? ¿Qué colores tendría?». Es importante que escuches y valides sus sentimientos. Entiendo que esto puede sonar como una jerga psicológica, pero en realidad es típico en los adolescentes suicidas el creer que están en el dolor más grande que jamás nadie haya experimentado. No tienen ocasiones para expresar, liberar o incluso sentir las emociones que los están destruyendo internamente... y tu simple habilidad para escuchar sus emociones puede ser la válvula de escape que regule la olla a presión llena de dolor que están experimentando.

La empatía viene por escuchar, comprender y conectarse a un nivel emocional con lo que es dicho, antes de por conectarse con el contenido de lo que se dice. Una de las mejores formas en las que se puede demostrar amor hacia los adolescentes heridos es escuchándolos atentamente con amor. He visto que muchos suicidios se han impedido cuando alguien se tomó el tiempo necesario para escuchar.

MANTÉN LA CALMA. Tu propia calma puede traer una paz estabilizadora a la situación. Mientras el adolescente esté acompañado es mucho menos probable que lleve a cabo sus planes.

NUNCA TOMES A LA LIGERA UNA PLÁTICA SOBRE SUICIDIO. Siempre confronta a los adolescentes de manera oportuna y apropiada. Aunque estés seguro de que estaban bromeando, de manera informal llévalos a un lado y pregunta algo así como: «Dijiste que estarías mejor si estuvieras muerto, ¿realmente lo piensas?». Entonces podrás confirmar si efectivamente estaban bromeando. Si es así, normalmente yo digo: «Qué bueno, porque yo te amo y no quisiera pensar que el suicidio sea la única solución que tienes».

VERBALIZA TUS PENSAMIENTOS Y PREOCUPACIONES HACIENDO PREGUNTAS DIRECTAS. Confía en tus instintos y no subestimes el hecho de que Dios puede estar dándote discernimiento para ayudar a los adolescentes heridos. Tú eres una de las personas más adecuadas para determinar si algo anda mal con tus adolescentes. Puede que no seas capaz de verbalizar cómo sabes que algo anda mal, pero puedes tener pensamientos o indicios de que uno o más de tus chicos están en riesgo. El instinto nos dice cuando un adolescente está comportándose de manera poco usual, o cuando un adolescente está cubriendo algún trauma emocional más profundo, o cuando un adolescente está teniendo problemas. No temas hacer preguntas o decir de forma directa lo que te has estado preguntando, como por ejemplo:

- «Últimamente no eres el mismo, y eso me preocupa... ¿pasa algo?».
- «Me he dado cuenta de que te has estado alejando de tus amigos, y estoy preocupado por ti».
- «¿A veces sientes que a nadie le importas?» o «¿Piensas que nadie se da cuenta cuando a veces estás mal?»
- «¿Te estás sintiendo tan mal como para querer quitarte la vida?»
- «¿Has pensado en cómo te quitarías la vida?»
- «¿Tienes acceso a un arma?» o «¿Ya tienes las pastillas?»
- «¿Has pensado cuándo lo harías?»

HABLA EN TÉRMINOS DEL CARÁCTER DEFINITIVO DE LA MUERTE.

Sé persistente pero gentil en tu acercamiento. No temas usar términos como suicidio, acabar con tu propia vida o matarte. Frecuentemente, los adolescentes que fantasean sobre la muerte hablan de ella como si no fuera algo definitivo. En lugar de ello, hablan sobre todas las personas que estarán en su funeral llorando, o sobre lo encantados que estarán de vengarse o herir a ciertas personas a través de su suicidio. Se les debe decir de manera amorosa y calmada que esta decisión es irreversible.

DA AVISO A LA FAMILIA. Si has tenido una conversación sobre el suicidio con un adolescente, debes recordar que NO es un asunto confidencial. Si tú crees que un menor puede salir lastimado, aunque lo haga con sus propias manos, tienes el deber de reportarlo. Si los padres no son la causa directa de las intenciones suicidas del adolescente (por ejemplo, por abuso físico, sexual o emocional), entonces debes avisarles para que puedan tener cuidado y velar por él. Si los padres son la causa, entonces debes notificar a alguna autoridad, como los servicios de protección de menores.

ENSEÑA Y SÉ MODELO DE ESTRATEGIAS APROPIADAS PARA EL MANEJO DE SITUACIONES. Al hablar sobre lo terminal de la muerte puedes mencionar también que hay otras formas de sobreponerse al dolor y de encontrar soluciones a los problemas (por ejemplo: buscando ayuda médica, hablando con un consejero, buscando apoyo y sabiduría de otros). Y también debes comprometer tu apoyo. Sé modelo de las formas apropiadas para lidiar con la tristeza. Permite que los adolescentes te vean triste y que vean cómo te sobrepones a la tristeza, al duelo o al dolor en tu vida. Habla de esto mucho antes de encontrarte en una conversación sobre el suicidio con un adolescente. Muéstrales a los adolescentes cómo buscas ayuda de parte de Dios y de su pueblo. Hazles saber que el orgullo y el miedo a ser juzgados se pueden interponer en el camino e impedirles experimentar el apoyo de Dios a través de su iglesia.

ELIMINA LAS ARMAS LETALES. Cuando adviertes a los padres que sus adolescentes tienen pensamientos suicidas debes preguntarles si existen armas de fuego u otra arma letal en sus casas. Prepáralos para que eliminen o mantengan bajo llave cualquier arma, incluyendo pistolas, cuchillos, navajas, etc.

ELIMINA TODO EL ALCOHOL Y LOS MEDICAMENTOS. Lo mismo debe ser hecho con las drogas prescritas (medicamentos), el alcohol y cualquier otro químico que pueda causar la muerte.

MONITOREA LOS EVENTOS EN LA VIDA DE LOS ADOLESCENTES. Algunas situaciones de la vida pueden desencadenar la depresión y la desesperación en los adolescentes. Ya hemos identificado muchas de ellas en la primera parte de este libro. Debes poner especial atención a las situaciones de decepción y a aquellas que involucran la pérdida de amigos. Habla con los adolescentes acerca de cómo se están sintiendo y cómo están haciendo frente a estas situaciones.

El amigo que me contó acerca de haberse perdido las señales de advertencia cuando se mató su vecino adolescente mencionó algo más: Su hijo está en su primer año de la escuela secundaria. Y esa tarde, después de haber escuchado la noticia, mi amigo entró a la habitación de su hijo para preguntarle qué estaba pensando y cómo se sentía respecto del suicidio. Su hijo parecía estar bien. Mi amigo luego le dijo: «Si quieres hablar sobre esto, dejaré todo de lado para que hablemos. Y si alguna vez te sientes tan mal que quieres dejar de vivir, prométeme que me hablarás al respecto». Su hijo lo prometió. Mi amigo hizo lo correcto. Los adolescentes son más susceptibles al suicidio cuanto otros adolescentes lo han concretado.

EXPRESA AMOR Y CUIDADO HACIA EL ADOLESCENTE HERIDO. Hay que estar disponible y mantenerse de manera incondicional al lado de ellos en momentos difíciles. Diles: «Si esto se pone mal, debes confiar en que puedo buscar ayuda para ti aun cuando pienses que no hay esperanza».

IDEA UN PLAN DE ACCIÓN PARA LA AYUDA. Si la situación es grave, lleva al adolescente a la sala de emergencias de un hospital.

ALIENTA A LOS ADOLESCENTES DEPRESIVOS Y SUICIDAS A LUCHAR CONTRA EL ABATIMIENTO. La depresión le dice a nuestras mentes y cuerpos que se apaguen, así dormimos, nos aislamos y hacemos introspección. Desafía a los adolescentes a que hagan cosas que den cuenta de cómo se sienten y piensan aun cuando no tengan ganas de hacerlo. Sugiéreles maneras de mantenerse activos. Cuando hables con los adolescentes, puedes preguntar si están haciendo lo que acordaron hacer. Si te dicen que no, haz que hagan algo inmediatamente, antes de que continúe la conversación. Hay que comprender que estas cosas pueden no ser la cura para la depresión, pero sí pueden hacer que la depresión sea más manejable y minimizar la amenaza de suicidio. Las siguientes son algunas acciones que los adolescentes pueden llevar a cabo para combatir la depresión:

- Hablar acerca de cómo se sienten todos los días, cara a cara, con algún adulto o amigo. Asegúrate de que esta persona no esté pasando por una depresión también. A la miseria le gusta la compañía, y los adolescentes deprimidos tienden a juntarse (esta también es la razón por la cual ocurren los suicidios grupales). Otros adolescentes deprimidos no son los confidentes que necesitan para volver a tener una vida saludable.

- Mantenerse físicamente activos. Esto evitará que el cuerpo se sienta débil y aletargado. La actividad física ayuda a regular la falta de balance hormonal y químico en nuestro cuerpo.

- Comer comidas saludables regularmente. La pérdida o los cambios de apetito suelen ser síntomas de la depresión y el suicidio. Incluso si los adolescentes no quieren comer, deben ser desafiados a hacerlo. No solo los mantendrá saludables, sino que también les proveerá energía.

- Regular el sueño. Los adolescentes deben mantener un registro de las horas que duermen cada día. El total de horas dormidas no debe sobrepasar las ocho horas diarias. Muchas veces los adolescentes deprimidos no pueden controlar su patrón de sueño, lo cual significa que pueden despertarse a la mitad de la noche y mantenerse desvelados por horas; luego pueden complementarlo durmiendo una siesta durante el día. Pero deben trabajar duro para eliminar la siesta y mantener el cúmulo de horas de sueño limitado a ocho horas diarias. Esto puede requerir que tomen acciones extraordinarias, como tener un hobby o iniciar un proyecto, tomar una ducha fría, hacer ejercicios, etc., para no dormirse.

- Mantenerse conectado y comprometido con los amigos. Algunos adolescentes se retraen porque no encuentran felicidad estando en medio de sus amigos ni participando en actividades que en algún momento disfrutaban con ellos. Deben darse cuenta que es la depresión la que les está hablando, y que no pueden someterse a ella. Mantenerse ocupados puede ayudarlos a mantenerse conectados con la normalidad. Puede incluso devolverles algo de gozo.

- Mantener una rutina diaria y cumplirla. Los adolescentes que planean suicidarse tienden a rechazar cualquier rutina o planes futuros. De hecho, pueden trabajar duro para cambiar y cancelar eventos futuros porque planean no estar cuando sucedan. Por lo tanto, les será difícil encontrarse en conductas típicas de la depresión y de la ideación suicida si mantienen un horario escrito y planes para el futuro.

- Ser proactivo en hacer que el suicidio sea difícil. Los adolescentes depresivos deben planificar rendir cuentas. Eso significa estar en continua comunicación con sus padres o tutores sobre lo que hacen y por qué lo están haciendo. Los adolescentes también deben ser desafiados a eliminar de su ambiente toda arma, químico, droga, alcohol y cualquier otro objeto que pueda ser usado como medio para quitarse la vida.

- Tener una «estrategia de salida». Este es un plan preparado con antelación que impide que los adolescentes vayan cuesta abajo hacia el suicidio. Los adolescentes deben ser desafiados a prometer que si empiezan a tener pensamientos de suicidio, llamarán a las personas que pueden ayudarlos a evitar entrar en este espiral descendente hacia el suicidio. Estas personas son individuos que han dado su acuerdo, que saben cómo lidiar con la depresión de un adolescente, y que están disponibles para movilizar los recursos para lograr estabilizarlos. Esta lista de personas puede incluir a miembros de la familia, pastores y líderes de jóvenes, consejeros, profesores y médicos. Si no están disponibles estas personas, entonces los adolescentes deben prometer que acudirán a un hospital o llamarán a la policía para una intervención.

- Salir al sol. Hay que hacer que los adolescentes pasen tiempo afuera, incluso si es tan solo para dar una caminata de media hora. Si en donde viven hay toda una época del año de mal tiempo, entonces se debe sugerir una cita médica para contemplar la posibilidad de usar terapia de luz.

- Seguir el tratamiento de forma consistente. Los adolescentes lucharán para no tomar los medicamentos, darán excusas (como que no les gusta su terapeuta) o no tomarán en serio las indicaciones médicas. Independientemente de la excusa, los adolescentes suicidas deben seguir el tratamiento. Pueden no ver los resultados de forma inmediata, pero la perseverancia dará su fruto a su tiempo.

- Servir a otros. Los adolescentes deprimidos y suicidas deben ser desafiados a servir a otros. Frecuentemente el servir en una cocina comunitaria, hacer tareas por los discapacitados o enclaustrados, visitar a gente en hogares de ancianos, voluntariarse en hospitales u orfanatos, o participar en programas de la comunidad en horario extracurricular, son actividades que ayudan a que los adolescentes mantengan una perspectiva realista de la vida. Estas actividades también cambian el foco desde ellos hacia otros.

REFIERE A LOS ADOLESCENTES A CONSEJEROS PROFESIONALES. Los
adolescentes deprimidos y suicidas necesitan algo más que personas que los apoyen en sus vidas. Todo líder de jóvenes necesita saber encontrar consejeros, terapeutas, trabajadores sociales y psiquiatras en su comunidad que estén capacitados para trabajar con adolescentes. Antes de que la necesites, desarrolla una base de datos de profesionales del área de la salud mental que sean cristianos y estén calificados. Así, cuando los necesites, estarán allí para ayudarte.

He conocido a padres y pastores que no buscaban (e incluso se rehusaban a recibir) ayuda profesional para los adolescentes suicidas por no haber tenido acceso inmediato a profesionales de la salud mental que fueran cristianos. Pero el objetivo de un terapeuta no cristiano en una intervención ante una crisis es el mismo que el de un terapeuta cristiano: estabilizar al adolescente y mantenerlo vivo. En una urgencia, no tiene importancia si la ayuda e intervención la lleva a cabo un cristiano o no. Habrá tiempo de sobra para seleccionar un terapeuta cristiano para una postintervención.

Los líderes de jóvenes pueden también alentar a los adolescentes y a sus familias a que participen de un grupo de apoyo con otros que hayan pasado por experiencias similares. Este también podría ser un buen ministerio para que establezca tu iglesia.

3.3b LO QUE NO SE DEBE HACER

NO SUBESTIMES A LOS ADOLESCENTES. En noviembre de 2008 un chico de 19 años se suicidó «online» mientras cerca de 1500 personas lo observaban. Antes del hecho, él había subido notas de suicidio a Internet y había hablado sobre su método para suicidarse en un video blog. Él conversó con varias personas en línea en un «web chat», algunos incluso lo alentaban a hacerlo, y otros racionalizaban los pros y contras de una vida de calidad. Luego se tomó una botella de pastillas y se acostó mientras la cámara seguía grabando. Horas después se dio aviso a la policía y corrieron a su dormitorio… pero ya estaba muerto. Como la cámara de video de su computadora seguía grabando, el intento de rescate se pasó en vivo por Internet. A pesar de la tragedia de este evento, muchos creyeron que fue un engaño. Las personas que fueron parte del ir y venir de ideas, del filosofar y esas cosas, no tomaron en serio a la víctima y no dieron importancia a la gravedad de su amenaza de suicidio.

Por esta misma razón, los adolescentes que bromean sobre el suicidio deben ser objeto de la misma línea de acción que aquellos que hablan seriamente acerca del suicidio. Estos adolescentes deben ser confrontados, se le debe avisar a sus familias, deben ser llevados a un hospital si su plan es elaborado, y deben hablar con un consejero. Si las bromas de estos adolescentes son elaboradas, entonces esta conducta amerita atención profesional, ya que podría haber un tema que la esté motivando. No subestimes las amenazas, los pedidos de ayuda, y ni siquiera las bromas de los adolescentes.

NO INTENTES EL «TRATAMIENTO DE SHOCK». En otras palabras, no digas cosas como: «Ya es suficiente con tanta autocompasión, ¿por qué mejor no lo haces ya mismo?» o «¿Qué te lo impide? ¿Temes que no puedas llevarlo a cabo?» o «Sería muy típico tuyo, arruinarle el día a tanta gente…». Algunas personas creen que si intentan intervenciones paradójicas, entonces por el «shock» recibido los adolescentes dejarán la ideación suicida. Pero este tipo de tratamiento nunca es apropiado cuando se trata con adolescentes cuyas percepciones de la vida y la muerte están nubladas por la depresión.

NO ARGUMENTES CON LOS PROS Y CONTRAS DE LA VIDA. Los adolescentes suicidas ya han hecho esto lo suficiente, y habiendo sopesado los argumentos, han llegado a la conclusión de que no vale la pena vivir la vida. Tu argumento puede parecerles condescendiente y puede añadir presión, consolidando aun más las decisiones de suicidio que los adolescentes ya han tomado.

NO DES POR SENTADO QUE EL TIEMPO SANA. Muchas personas piensan que los adolescentes que hablan de suicidio están atrapados por el drama del momento, y que en algún momento experimentarán un cambio emocional que los llevará lejos de la ideación suicida. Estas personas generalmente terminan dando consejos como: «Las cosas se verán mejor mañana».

Desafortunadamente, si los adolescentes depresivos tienen planes y piensan llevar a cabo los intentos suicidas, ya han evaluado esto más de una vez. El tiempo no es quien va a sanar esta herida. Equivocadamente, los padres a menudo abordan de esta forma el tema de la pérdida experimentada por sus adolescentes por la ruptura de alguna relación. Algunos adultos no ven la intensidad de la depresión del adolescente porque los temas les parecen insignificantes dentro del contexto general de la vida. Pero cada adolescente enfrenta la pérdida de manera diferente. Algunos no pueden manejar el dolor de buena manera y permiten que se salga fuera de control dentro de sus mentes. En conclusión: el tiempo puede, de hecho, sanar sus heridas... pero solo si son capaces de ver las cosas con esa perspectiva y no escogen una acción agresiva para terminar con sus propias vidas.

NO HAGAS PROMESAS FALSAS. «La vida mejorará» o «Este problema pasará en una semana o dos» o «Dios te quitará toda tu tristeza pronto» o «Prometo no decepcionarte nunca si te mantienes con vida». Estas promesas solo ayudan a albergar esperanzas falsas que pueden aplastar a los adolescentes cuando no sean cumplidas. Los horarios, los umbrales de dolor, las expectativas y las perspectivas están sesgadas en las vidas de los adolescentes deprimidos y con ideas suicidas. Tus promesas pueden ser malinterpretadas y tomadas como la «única» esperanza. Entonces, cuando no se cumplan, los adolescentes pueden consolidar aun más su determinación de quitarse la vida.

EVITA LAS RESPUESTAS FÁCILES Y LOS CLICHÉS. «Eres joven, talentosa y hermosa; tienes todo para querer vivir». Estos clichés suenan huecos a los oídos de una adolescente suicida. Sus experiencias de vida le dicen que no tiene nada por qué vivir, por lo que tus palabras suenan poco sinceras. Algo así como un vendedor de autos usados tratando de cerrar una venta. Algunas verdades cristianas también pueden sonarles triviales a los adolescentes deprimidos. Es importante que hables de la esperanza que hay en Cristo para las vidas de estos adolescentes heridos, pero necesitas hacerlo con sinceridad y sin clichés.

EVITA CORREGIR DE FORMA EXHAUSTIVA LAS PERSPECTIVAS TEOLÓGICAS. Los adolescentes heridos pueden tener teologías deformadas. Pueden decir que están temerosos de suicidarse porque se irán al infierno. O pueden decir que tienen una carga demasiado pesada de llevar por lo que el suicidio es su única opción. Este no es el momento de corregir la teología sobre el destino eternal de los adolescentes que cometen suicidio, o la teología de las pruebas y las maneras de salir de ellas que Dios nos da. En cambio, escucha, siente, muestra empatía... y después ofrece esperanza, no un discurso teológico. Demasiados cristianos creen que la teología correcta es lo más importante que hay que mantener, pero tratándose de adolescentes heridos y suicidas este no es el caso. Lo que se necesita en este momento es cuidado y apoyo. La teología correcta puede venir después.

3.3c INTERCEPTANDO A UN ADOLESCENTE SUICIDA A TRAVÉS DE LA TECNOLOGÍA

Los líderes de jóvenes y algunos padres tienen acceso a redes sociales tales como Facebook, Twitter y MySpace. Estos son lugares donde puedes encontrar los estados emocionales de muchos adolescentes. Algunos dicen cosas en las redes sociales que nunca dirían en persona. Aun más, pueden postear sus verdaderos sentimientos en línea y esconderlos en la vida real.

No estoy sugiriendo que los padres se entrometan o espíen a sus adolescentes. Este tipo de actividad puede traer falta de confianza a las relaciones entre los adolescentes y sus padres. Pero sí sugiero que si los padres creen que sus adolescentes están deprimidos y pueden estar contemplando el suicidio, deben emplear todas las vías que les puedan dar algún indicio, para así asegurar la ayuda si fuese necesaria. Por supuesto que este tipo de acción debe ser llevada a cabo con delicadeza y preocupación amorosa, pero me he encontrado con demasiados padres que encuentran las ideaciones suicidas de sus adolescentes posteadas online después de que ya es demasiado tarde para intervenir. Repito una vez más que este monitoreo debe hacerse solo para verificar sospechas que los padres puedan tener en relación con la depresión e ideaciones suicidas de sus hijos.

OBSERVA LOS POSTEOS EN LAS REDES SOCIALES.

A menudo los adolescentes dejan pistas en Twitter o Facebook. Pueden hacer comentarios sobre lo terribles que son sus vidas o sobre cómo quisieran estar muertos. Entre más frecuentes, intensos y profundos se tornen estos comentarios, mayor razón habrá para estar alarmados.

SIGUE A SUS AMIGOS.

Puede que los adolescentes deprimidos no posteen claves alarmantes en sus barras de estado, ni en sus perfiles, pero puede que digan cosas alarmantes a sus amigos en comentarios posteados en sus páginas o muros.

LEE SUS BLOGS.

Los adolescentes que planifican su muerte, frecuentemente dejan señales en sus blogs. La planificación de un suicidio comienza como una fantasía, y luego toma impulso, convirtiéndose en un plan concreto. Los adolescentes suelen escribir en torno a esas mismas líneas. Pueden primero postear escritos creativos, como ensayos, poemas o historias acerca de la muerte. Luego, a medida que van desarrollando sus planes, los adolescentes pueden postear en sus blogs métodos para morir, sus últimos deseos, opiniones sobre y razones para el suicidio, justificaciones para acabar con su propia vida, etc. Si tienen motivos de venganza, estos también pueden ser revelados en sus blogs. Los adolescentes que planifican venganzas de asesinato seguido de suicidio frecuentemente cuentan sus planes en blogs o posteos en línea.

3.3d EL DEBER DE ADVERTIR

Cuando la vida o la seguridad de los adolescentes se ven amenazadas, los líderes de jóvenes tienen la responsabilidad (y, en muchos casos, la responsabilidad bajo pena legal) de ir en busca de los recursos apropiados y notificar a las autoridades correspondientes o a quienes puedan ayudar a esos adolescentes. A esto se le llama «deber de advertir», y significa que si existe la posibilidad de que a un menor o a otras personas en manos de un menor se les produzca cualquier tipo de daño, entonces los adultos que poseen esa información son los responsables de advertirla oportunamente.

Los líderes de jóvenes están éticamente obligados a advertir a otros sobre un potencial suicidio adolescente. Aun cuando no haya leyes que los obliguen a esto (como sí es el caso cuando hay sospecha de abuso infantil, por ejemplo), los líderes de jóvenes pueden ser responsables en juicios civiles si el adolescente llega a concretar el suicidio y el líder de jóvenes tenía conocimiento de sus intenciones. Los pensamientos y la planificación de un suicidio nunca son temas confidenciales, y siempre requieren de acción por parte de los líderes de jóvenes.

La ideación y la verbalización de intenciones suicidas debe ser reportada rápidamente a los padres del adolescente para que aseguren la atención profesional apropiada y mantengan en observación a sus hijos. Cuéntales a los padres toda la información que te fue revelada. Si crees que el peligro es inminente, sugiere a los padres que lleven de forma inmediata a su adolescente a la sala de emergencias de un hospital para una evaluación.

El único caso en el que no se debe notificar a los padres es cuando tienes razones para creer que las conductas de los padres han precipitado la ideación suicida en los adolescentes, y que por lo tanto pueden correr aun más riesgo si ellos fueran notificados. En ese caso, tus acciones deben incluir la notificación sobre las conductas de estos padres al servicio nacional de menores de tu país.

Por ejemplo, un adolescente puede no querer que notifiques a sus padres sobre su ideación suicida porque su depresión es el resultado de haber sido abusado por ellos. En ese caso, la notificación a los padres puede hacer que el adolescente se sienta aun más atrapado en su situación abusiva, y puede que recurra al suicidio como medida espontánea para escapar.

El cumplir con el deber de advertir puede significar que hayas advertido a los padres al involucrarlos en una intervención, o que hayas advertido a un médico al llevar al adolescente a una sala de emergencias. Siempre vale la pena repetir esta frase: El suicidio no es un tema confidencial.

Desafortunadamente, algunos líderes de jóvenes quedan atrapados cuando tratan el suicidio como un tema confidencial. Esto les sucede muy seguido a los líderes de jóvenes que tienen un sentido equivocado de la confidencialidad. Muchas veces esto ocurre por la propia necesidad que el líder tiene de ser necesitado por otros. Estos líderes prometen una confidencialidad que no pueden y no deberían ofrecer, o terminan menospreciando la gravedad de la depresión o de la ideación suicida sin decirle nada a nadie. Creen que están calificados para manejar estas situaciones por la relación cercana que mantienen con los adolescentes deprimidos y suicidas. Los siguientes son algunos límites que los líderes de jóvenes pueden fijar y practicar con antelación:

1. NUNCA TE ACORRALES. Los adolescentes deben saber desde un comienzo que siempre respetarás su confidencialidad, con excepción de aquellos casos en que se le pueda provocar daño a alguien. No les digas a los adolescentes que todo lo que te cuentan será confidencial. Eso es irresponsable y muestra falta de madurez y de sabiduría. La confidencialidad ata de manos al líder de jóvenes y le impide movilizar la ayuda efectiva hacia el adolescente. Además hace parecer al líder de jóvenes como poco confiable cuando la confidencia debe romperse.

2. SI LOS ADOLESCENTES SIENTEN QUE NO PUEDEN VIVIR CON ESOS LÍMITES Y DECIDEN MARCHARSE SIN DECIRTE LO QUE INTENTABAN, CONTÉNTATE CON VIVIR DENTRO DE ESOS LÍMITES. Demasiados líderes de jóvenes no logran aceptar el hecho de que un adolescente pueda escoger NO decirles algo, y entonces comprometen sus límites acordando mantener la confidencialidad. Esto pondrá al líder de jóvenes en una posición en la que tendrá que rendir cuentas (y posiblemente ser procesado penalmente) por la información que retuvo, o bien pasar por mentiroso si reporta la información como manda la ley.

3. SI EL ADOLESCENTE INSISTE EN QUE LA INFORMACIÓN DEBE PERMANECER CONFIDENCIAL, PREGÚNTALE QUÉ PRETENDE QUE HAGAS

TÚ CON LA INFORMACIÓN QUE ÉL TE DARÁ. A menudo el adolescente dirá que quiere que le ayudes a tomar una decisión o que le des consejo sobre una situación. Cariñosamente, ayuda al adolescente a comprender que no es sabio pedir ayuda si no permite que otros le ayuden bajo sus términos, o como ellos lo crean mejor.

4. REITÉRALE CUÁNTO LO VALORAS Y HAZLE SABER QUE ALGUNOS PROBLEMAS REQUIEREN QUE TÚ TOMES ACCIONES DE TIPO NO CONFIDENCIAL, POR AMOR Y PREOCUPACIÓN HACIA ÉL. Pídele al adolescente que confíe en que tú harás lo mejor por él. Prométele que mantendrás la confidencialidad en la medida que sea posible, y que buscarás la sabiduría de Dios para que guíe tu respuesta y tus acciones.

5. AYUDA A LOS ADOLESCENTES A COMPRENDER QUE EL SUICIDIO NO PUEDE SER UN ASUNTO CONFIDENCIAL. Tal como les sucede a los líderes de jóvenes, a menudo los adolescentes se sienten acorralados cuando un amigo les cuenta que está pensando en suicidarse. Ayuda a estos adolescentes a darse cuenta que una buena amistad significa mantener a nuestros amigos vivos. Es mucho mejor que sus amigos vivan aunque estén enojados con ellos por haber roto la confidencialidad, a que tus adolescentes vivan con el arrepentimiento de no haber tomado acciones o de no haberle contado a nadie. Los adolescentes deben saber que el suicidio no es un tema confidencial.

3.3e PASOS EN LA INTERVENCIÓN SUICIDA

Ya he dado muchas claves para la prevención del suicidio. Pero, ¿qué haces cuando un adolescente te dice cara a cara que está planeando pegarse un tiro esta noche? ¿O qué pasa si recibes el llamado de una chica que te dice que acaba de tomarse un frasco de pastillas? Estas circunstancias requieren una intervención inmediata. Los siguientes son algunos pasos que puedes dar:

QUÉDATE CON EL ADOLESCENTE SI ESTÁS HABLANDO CARA A CARA CON ÉL.
Recuerda que tu presencia reduce en gran manera la probabilidad de que cometan el suicidio.

CONVÉNCELO DE QUE BUSQUE AYUDA.
Obviamente quiere recibirla, de otra manera no te hubiera buscado. Recuérdale que estarás disponible para él o ella mientras atraviesa este tiempo difícil, pero que hay personas más calificadas que tú para ayudarle a resolver los complicados sentimientos que está enfrentando.

NOTIFICA A LA FAMILIA PARA QUE VENGA A BUSCAR AL ADOLESCENTE A FIN DE LLEVARLO DE FORMA INMEDIATA AL HOSPITAL PARA SU EVALUACIÓN Y CUIDADO.
Quédate con el adolescente hasta que llegue la familia. Como dije anteriormente, muchas veces los adolescentes contemplan el suicidio cuando el abuso en sus hogares es más de lo que pueden soportar... y en esos casos, el contactar a los padres puede producir más daño que beneficio. Como alternativa, lleva a estos adolescentes directamente a la sala de emergencias de un hospital. El personal allí hará los arreglos necesarios para notificar a los padres o autoridades si fuese necesario. La mayoría de los países tienen leyes que permiten a los menores buscar tratamiento médico de urgencia sin el consentimiento de sus padres si su vida y salud corren tal grado de riesgo que el tratamiento debe ser administrado sin demora. Si encuentras que en donde tú vives es difícil llevar a estos adolescentes a un hospital sin el consentimiento de sus padres, entonces notifica al servicio de emergencias llamando al 911 (o al teléfono de emergencias de tu país).

SI NO PUEDES CONTACTAR A LA FAMILIA, LLEVA AL ADOLESCENTE INMEDIATAMENTE AL HOSPITAL. Los profesionales de la salud mental podrán evaluarlo allí y darán los pasos apropiados para su cuidado.

SI EL ADOLESCENTE SE MUESTRA HOSTIL, RESISTENTE, O SE ESCAPA, LLAMA AL SERVICIO DE EMERGENCIAS (AL 911 O AL NÚMERO QUE CORRESPONDA EN TU PAÍS) Y BUSCA INTERVENCIÓN POR PARTE DE LA POLICÍA O LOS PARAMÉDICOS.

SI EL ADOLESCENTE TE CUENTA SOBRE SUS PLANES DE SUICIDIO POR TELÉFONO, TRATA POR TODOS LOS MEDIOS DE AVERIGUAR DÓNDE ESTÁ Y LLAMA AL SERVICIO DE URGENCIAS AL 911 PARA LA INTERVENCIÓN. Algunos chicos, por ejemplo, pueden llamarte después de haberse tomado las pastillas. En estos casos, luego de averiguar el lugar donde se encuentran (haz esto antes que nada), pregúntales qué han tomado y cuánto. También es importante saber si han utilizado alcohol para tomar los medicamentos.

SI CREES QUE EL HABER HABLADO CON UN ADOLESCENTE CON INTENCIONES SUICIDAS HA AYUDADO Y QUE EL PELIGRO INMINENTE YA HA PASADO, DE TODAS FORMAS DEBERÍAS:

- Contactar a los padres para que puedan mantener al adolescente en observación.

- Realizar las acciones necesarias para encontrarte con el adolescente en los días siguientes. Cómo he dicho, los adolescentes que están determinados a suicidarse no se comprometen con planes futuros. Como parte de dejar sus asuntos en orden, ellos cancelan sus citas y rehúsan hacer citas que no podrán cumplir porque creen que no estarán vivos para hacerlo.

- Motivar y asistir a los adolescentes y a sus familias en la búsqueda de ayuda profesional. La clave es referir y derivar, referir y derivar. Aun cuando estés calificado para hacer una intervención suicida, se necesita un profesional para una evaluación completa y la administración de un tratamiento adecuado para un adolescente suicida.

3.4 TRATANDO CON LA PÉRDIDA PROVOCADA POR UN SUICIDIO

3.4a AYUDANDO A LAS FAMILIAS QUE HAN PERDIDO ADOLESCENTES A RAÍZ DE UN SUICIDIO

Una de las razones por las cuales es tan difícil procesar la muerte de un niño es porque desafía las expectativas de vida naturales. Los padres nunca esperan ni planifican sobrevivir a sus hijos. Entonces, cuando muere un niño o un adolescente o un joven (sin importar su edad) el dolor de los padres es muy grande. Y cuando la muerte llega a través del suicidio, el proceso de duelo se hace aun más complejo.[14] Hay formas específicas en que los líderes de jóvenes pueden ayudar a las familias que han perdido a un adolescente por el suicidio:

BRINDA APOYO A AQUELLOS QUE ESTÁN ENFRENTANDO EL TRAUMA DE HABER ENCONTRADO AL ADOLESCENTE FALLECIDO. Muchas veces, los padres o hermanos encuentran el cuerpo. Ser testigo de una escena de suicidio es muy traumático, especialmente si se han utilizado métodos violentos. Las imágenes de un cuerpo colgando, de una herida en la cabeza por un disparo, o de muñecas cortadas no son fáciles de olvidar, y esto es especialmente cierto para los padres y hermanos. A menudo necesitarán o querrán hablar de esto. Es comprensible querer evitar este tipo de conversación con los sobrevivientes, pero puede que tu ministerio sea el que tenga que llenar ese vacío. Esto también puede ser cierto si un adolescente ha sido testigo de la escena de suicidio de uno de sus padres. El shock, el miedo y la culpa pueden evitar que se hable de lo que se ha sido testigo. Pero cuando alguien atraviesa estas situaciones, puede que necesite procesar su dolor y su trauma con otras personas. Si escogen hacerlo contigo... solo escucha. No es necesario que digas nada, que des respuestas ni que los ayudes a comprender. Solo hace falta que escuches con empatía y estés allí para consolarlos en lo que puedas.

ALIENTA A LAS FAMILIAS A QUE EVITEN LA CULPA. Muchas veces, los padres repetirán una y otra vez en sus mentes las confrontaciones o discusiones que tuvieron con sus adolescentes fallecidos, criticarán su propio rol como padres, y tratarán de recordar sus acciones y conversaciones para que ver qué hicieron equivocadamente o dónde erraron al blanco. Puede que digan cosas cómo: «Si tan solo yo hubiera...» o «Nunca debería haber...». Este tipo de autoculpa es una respuesta normal a la situación. Todos hacemos nuestro inventario personal cuando un ser querido muere. Pero esta autoculpa puede salirse de control y convertirse en algo malsano si impide el proceso de sanidad y recuperación. Los padres debieran hablar con un consejero profesional para trabajar los sentimientos de culpa y de remordimiento.

Puede que algunos padres se culpen el uno al otro, desgarrando su relación y destruyendo su lazo marital. La culpa es la causa por la cual muchas parejas se separan y divorcian después de la muerte de un hijo. Es por esto que debemos tratar de apoyar a los padres, ayudándolos a darse cuenta que los sentimientos de culpa son normales, pero no son una reacción saludable para hacer frente al dolor. El costado bueno de que aparezca la culpa y el remordimiento es que puede ser lo que dé pie para que las familias estén abiertas a buscar consejería profesional.

AYUDA A LAS FAMILIAS EN LA DIFICULTAD DE QUÉ DECIRLE A LOS DEMÁS. El suicidio lleva consigo un estigma. Las familias de los adolescentes que se han suicidado pueden sentir que están siendo juzgadas o etiquetadas como «familias disfuncionales». Así es que no solo sufren la pérdida traumática de un hijo, sino que también experimentan la vergüenza de atravesar esa experiencia. Esto los lleva a batallar con la incomodidad de tener que pensar qué decir. Cualquier cosa, excepto la verdad, puede dejar a la gente confundida y con más preguntas.

Yo llevaba tres meses en mi primer trabajo como ministro de jóvenes cuando recibí la noticia de que un chico de nuestro grupo de jóvenes había muerto en un accidente automovilístico. Deseaba encontrarme con la familia en el hospital, pero no querían que nadie fuera. No hubo ninguna noticia sobre algún accidente fatal, nadie vio el automóvil chocado, ni se pudo obtener información sobre el lugar del accidente. El ataúd estaba cerrado, el funeral fue rápido y pequeño, y la familia evitó toda conversación con respecto al «accidente». Hasta el día de hoy yo no sé qué fue lo que ocurrió, pero sospecho que la vergüenza de un suicidio adolescente fue lo que llevó a la familia a hacer todo lo posible por mantener las apariencias. Sin embargo, este enfoque resulta contraproducente, ya que la familia nunca recibe el consuelo y la sanidad que necesita. Por lo tanto, ayuda a las familias a entender que la depresión es una enfermedad que puede cobrar vidas. Ayúdales a dejar atrás la vergüenza, abrazando su dolor y brindándoles un lugar de seguridad y gracia para ellos. Aboga por la familia que ha sufrido alguna pérdida a raíz de un suicidio, luchando abiertamente contra el estigma y el juicio que pueden seguir al evento. Al hacer esto, estás dándole el ejemplo a la familia de la iglesia, enseñándoles que su rol es ser cariñosos, restauradores, sanadores y clementes hacia los que están sufriendo.

COMPRENDE EL DOLOR. En el proceso de duelo, los seres humanos nos movemos por etapas. A veces las etapas se superponen unas con otras. Otras veces, las personas vacilan entre una etapa y la siguiente. Y otras veces algunas personas superan rápidamente una etapa, mientras que otros quedan fijos en otra. En el caso de un suicidio, las etapas pueden tomar las siguientes características:

- **Shock o negación.** Esto comienza generalmente con el trauma de encontrar al fallecido. Los padres pueden estar aun más conmocionados porque no captaron las señales ni reconocieron los síntomas y pistas. La negación puede presentarse como vergüenza, la cual muchas veces acompaña al suicidio. Luego aparecen las partes habituales de la negación y el shock, tales como tener visiones o sueños en los que ven o escuchan a su hijo, o bien sensaciones como que aún esperan que su hijo aparezca por la puerta o que toda esta experiencia «debe ser una pesadilla».

- **Rabia.** Muchas veces los padres en duelo dirigirán esta rabia hacia ellos mismos por no haber anticipado o prevenido el suicidio o por no haber visto las señales de alerta. Pueden estar enojados con ellos mismos por cosas que dijeron o dejaron de decir. Luego pueden enojarse con otros, pensando que también podrían haber hecho más. Incluso tú puedes recibir el peso de esa rabia. Algunos padres culpan a los ministerios de jóvenes, iglesias y líderes de jóvenes por lo que ellos perciben como «falta de cuidados». Esta culpa y enojo pueden ser devastadores para para los líderes de jóvenes que también están pasando por el duelo de haber perdido a un adolescente que fue parte de su ministerio. Puede que los padres se enojen también con el adolescente muerto porque no buscó ayuda, por hacer pasar a la familia por este dolor, por haberlos dejado, etc. Esta rabia puede ser muy difícil de procesar porque a menudo es reprimida (dado que las personas piensan que está mal estar enojado con una persona muerta), y por lo tanto es muy difícil de resolver.

- **Negociación.** Aun cuando es difícil negociar por la vida de un adolescente muerto, las familias negocian con Dios por la protección de sus otros hijos. Esto se manifiesta en la sobreprotección de los hermanos menores del adolescente muerto. Puede ser que los padres ya no los dejen salir a ningún lado, que los acompañen a algún evento y los esperen hasta que salgan (cuando antes no hacían esto), que los llamen constantemente o pasen a verlos simplemente para constatar que todo esté marchando bien, etc. Es muy probable que quieran mantener constantemente a la vista y dentro de sus cuidados a los hermanos sobrevivientes. El temor se transforma en la fuerza motivacional dentro de esta etapa de negociación. También algunos cristianos negocian con Dios para comprender por qué sucedió esto y por qué su hijo/a tuvo que soportar ese dolor. Entonces negocian por paz, consolación y gozo, aunque desprecian el hecho de poder sentir gozo, ya que su hijo muerto evidentemente no lo sintió.

- **Depresión.** Algunas veces los padres se deprimen en el proceso del duelo por sus hijos. La depresión puede volverse tan grave que puede que ellos mismos intenten suicidarse, aun cuando conocen de primera mano el alcance del trauma, la rabia, etc. que produjo el suicidio de sus hijos. Nota: Los suicidios de los hijos tienen casi el mismo efecto sobre los padres que los suicidios grupales tienen sobre otros adolescentes deprimidos o en riesgo. Los suicidios de sus hijos les dan la fuerza necesaria para morir. Algunos padres incluso copian los métodos suicidas de sus hijos como medio para recuperar alguna conexión con ellos.

- **Aceptación.** En algún momento, los miembros de la familia comienzan a aceptar la muerte del adolescente. Pueden llegar a aceptar el suicidio y, aun más, a luchar por la prevención del suicidio en general. Algunos pueden comenzar a liderar grupos de apoyo, otros pueden ofrecerse como voluntarios para trabajar en líneas telefónicas de ayuda. Pero la mayoría resuelven volver a la vida normal.

ESPERA INTENTOS DESESPERADOS DE COMPRENDER POR QUÉ SUCEDIÓ ESTO.

Los padres, los hermanos y los amigos, todos pueden pasar por este proceso. Como he dicho antes, es habitual que los padres pasen incontables noches preguntándose cómo podrían haber prevenido esto o cómo sucedió algo así. Si no encuentran respuestas, intentan revivir conversaciones, situaciones, conflictos, etc. que hayan involucrado a sus hijos. Puede que busquen pastores (o incluso líderes de otras religiones) para que los ayuden a buscar respuestas. Puede que entablen conversaciones con los amigos del adolescente fallecido con la esperanza de encontrar alguna clave que hayan pasado por alto. Como puedes suponer, esto puede asustar a esos chicos, o hacerles sentir en parte responsables por la muerte de su amigo. Por esta razón, muchas veces es necesario que tengan un grupo de apoyo. Motiva a los padres que están de duelo a tomar parte en los grupos de apoyo para que puedan descubrir cómo otros han podido atravesar esta etapa de oscuridad.

HABLA SOBRE EL ADOLESCENTE FALLECIDO.

Muchas veces, en medio de la tragedia de un suicidio, la gente asume que no debe hablar acerca de la persona muerta por el dolor que rodea al hecho. Tienen miedo de provocar más dolor a la familia si hablan sobre el adolescente fallecido. En realidad, el evitar el tema hace que la familia se sienta juzgada, o que sienta que todos «caminan en puntitas de pie» para evitar lo que es obvio. Lo obvio, para una familia que está sufriendo, es que alguien a quien aman ya no está, y que necesitan el apoyo de los demás. No temas hablar de tus recuerdos del adolescente. No temas mencionar el nombre del adolescente fallecido. No sientas que te equivocaste si los miembros de la familia lloran cuando mencionas su nombre. Ellos están llorando de todas formas... y muy seguido. La familia preferirá que se le permita llorar a sentir que deben esconderlo.

RECUERDA QUE LOS ANIVERSARIOS, CUMPLEAÑOS Y FECHAS FESTIVAS SERÁN DIFÍCILES PARA UNA FAMILIA EN DUELO.

A menudo, la anticipación del evento resulta más difícil que el evento en sí, porque los familiares temen que se desmoronarán o que el dolor será demasiado grande para poder manejarlo. Algunas familias tienen dificultad en asumir que la persona ya no está, sobre todo con las tradiciones en las fechas especiales. Alienta a las personas a que sigan con sus tradiciones, pero añadiendo un símbolo (como por ejemplo una vela encendida) en recuerdo de la persona fallecida. O motiva a las familias, a que resuelvan aun más su duelo generando nuevas tradiciones. Las tradiciones que rodean a un evento o festividad deben ser conversadas entre todos, y luego guardadas en la memoria o bien modificadas para formar nuevas tradiciones. Los líderes de jóvenes y la iglesia pueden ministrar a las familias que han perdido un adolescente por suicidio, recordando al joven o a la jovencita de igual forma. Mantén agendado el cumpleaños del adolescente fallecido en tu computadora o agenda electrónica. Y cuando te aparezca el recordatorio de la fecha, llama a los padres y hazles saber que todavía están pensando y orando por ellos. En las semanas o meses que sigan al suicidio de un adolescente, visita a la familia frecuentemente. Muchas familias se sienten bruscamente abandonadas por sus adolescentes que se han suicidado, y luego sienten que este dolor se repite cuando todo el cuidado de la iglesia y los amigos desaparece luego de que han pasado un par de semanas.

AYUDA A LAS FAMILIAS A RECUPERAR SU VIDA NORMAL (DENTRO DE LO POSIBLE), ESPECIALMENTE SI HAY OTROS HERMANOS INVOLUCRADOS. Las familias, o los padres, tal vez necesiten ser desafiados a seguir con la vida de manera normal incluso si no tienen ganas. Los hermanos menores pueden no entender o no sentir las complicaciones que tiene un duelo a largo plazo, así que es esencial que vuelvan a las prácticas de fútbol, a jugar, y a experimentar rutinas de vida normal en familia. Esto ayuda también a que los adultos no caigan aun más en la depresión.

COMO MENCIONÉ ANTES, LOS PADRES PUEDEN VOLVERSE SOBREPROTECTORES DE LOS OTROS HERMANOS POR MIEDO A PERDERLOS. A menudo los padres no ven esto, por lo que puede requerir de mucha sabiduría, delicadeza, tiempo oportuno y entrenamiento el ayudarles a reconocer que están ahogando a sus otros hijos. Tal vez debas aconsejar a los padres que busquen ayuda profesional para que les ayude a superar los miedos que están dando origen a estas conductas.

AYUDA A LA FAMILIA CON LOS ARREGLOS PARA EL FUNERAL. El trauma del suicidio puede ser tan grande que planificar el funeral y todos los detalles que esto conlleva puede ser dejado de lado. Las familias en esta situación, repentinamente se ven tomando decisiones enormes en cuanto a ritos, velatorio, reunión en la iglesia, funeral y memoriales. Además, pueden tener preguntas acerca de la postura de la iglesia en cuanto a la muerta por suicidio de un adolescente, preguntas que pueden crear mucha ansiedad, ya que los padres pueden tener ideas preconcebidas en relación al tema. El temor puede impedirles preguntar si pueden hacer el funeral en la iglesia o si los pastores o sacerdotes oficiarán el funeral. El miedo a las respuestas puede inmovilizar a los padres para planificar el funeral o llevarlos a tomar decisiones que nunca hubieran querido.

Por todo esto, es un gran gesto de amor si un líder de jóvenes manifiesta de forma inmediata el apoyo de la iglesia y se ofrece a ayudar con la planificación del funeral y el memorial. Esto involucra mucho trabajo y preparación. Otro libro de esta serie, *¿Qué hacer cuando... los adolescentes lidian con la muerte? (N. del T.: No disponible aún en español),* provee una lista de puntos clave y un programa tipo para la programación del funeral de un adolescente. Si se le pide a un líder de jóvenes que oficie el servicio funerario de un adolescente que se suicidó, éste debe pensar de antemano cuidadosamente lo que debería decir y lo que dirá para que la familia no sea avergonzada. Un líder de jóvenes debe, además, tener en cuenta que hay muchos que están sufriendo mucho, y que el dolor de la depresión puede ser lo que haya traído a toda esta gente al lugar. La repuesta adecuada sería, entonces, un mensaje de esperanza y sanidad.

PROTEGE A LA FAMILIA DE LOS MEDIOS.

A menudo, el suicidio de un adolescente atrae a los medios de comunicación. En estos casos, se puede ayudar a la familia a redactar un comunicado de prensa y a nombrar un vocero que les represente. Esa persona debe sortear todas las preguntas y proteger a la familia del acoso de los medios.

MOTIVA A LA FAMILIA A BUSCAR CONSEJO PROFESIONAL Y UN GRUPO DE APOYO.

Vale la pena repetir esto: Motiva a los padres en duelo a buscar ayuda y apoyo profesional.

3.46 AYUDANDO A LOS ADOLESCENTES QUE HAN PERDIDO A ALGUIEN A RAÍZ DE UN SUICIDIO

Es importante que seas lento para hablar. Permite que los adolescentes hablen de sus sentimientos. Puede que se sientan muy confundidos, enojados, dolidos y tristes. La muerte suicida de un amigo adolescente crea una maraña de emociones que es muy difícil de desenredar. El escuchar es la herramienta adecuada para ayudar a desenredarla.

PERMITE QUE LOS ADOLESCENTES HAGAN PREGUNTAS. Te puedes sorprender de lo profundas y teológicas que pueden ser las preguntas de un adolescente en un momento difícil como cuando ha ocurrido un suicidio. Puede que pregunten sobre la salvación de un amigo que se suicidó, o sobre por qué Dios no alivió el dolor de su amigo. Pueden cuestionarse la bondad de Dios, e incluso su existencia. Este no es un momento para corregir su teología; es un tiempo para atravesar junto a ellos. Enfócate en dejar atrás el dolor. No intentes responder todas sus preguntas... la mayor parte del tiempo, tus repuestas sonarán como si vinieran envasadas. Ten conciencia de que en medio del dolor de un trauma, ninguna respuesta será realmente suficiente. Así que sé paciente. Más tarde, cuando comiencen a emerger las preguntas pero haya pasado el dolor, ayuda a los adolescentes a encontrar las respuestas.

COMPARTE LOS RECUERDOS SOBRE EL FALLECIDO. Este es un ejercicio que puedes hacer con los adolescentes y que trae mucha sanidad. Pregúntales: «¿Cuál fue el mejor momento que pasaste con _____?», o «¿Qué es lo que siempre recordarás de _____?». No temas a las lágrimas que esto producirá.

AYÚDALES A CERRAR EL CICLO. Algunos adolescentes expresarán que les hubiera gustado decir o hacer algo mientras su amigo estuvo vivo. Aliéntales a que cumplan su deseo a través de una carta, o diciendo aquello que hubieran dicho mientras se imaginan que su amigo está allí. Si es algo que hubieran deseado hacer, permite que nombren a un representante (el hermano menor, uno de sus padres, un amigo, etc., del amigo fallecido), y que lleven a cabo la actividad. Puede que tengas que ayudar al adolescente a ser sensible al dolor de los miembros de la familia. Este tipo de actividad puede ser llevada acabo después de que pase un tiempo de luto.

AYUDA A LOS ADOLESCENTES A MANEJAR LOS CAMBIOS QUE LA MUERTE TRAJO A SUS VIDAS. La pérdida de un amigo puede modificar la rutina de un adolescente, su contexto social e incluso sus horarios familiares. Haz que los adolescentes hablen acerca de su percepción de cómo cambiarán las cosas. Desafíalos a que piensen sobre lo que planifican hacer y sobre qué es lo que necesitarán para hacer los cambios necesarios.

SÉ MODELO Y DA HERRAMIENTAS PARA REALIZAR UN DUELO SANO. Sé sincero. Cuéntales a los adolescentes lo que estás pensando y sintiendo. Permite que vean (y participen en) tu dolor. Diles que esto hace que nazcan preguntas en tu mente, las cuales tú también encuentras frustrantes e incontestables. Muéstrales qué es lo que tú haces para sobreponerte al dolor y cómo planificas continuar viviendo tu vida de forma saludable.

3.4c CONVERSANDO CON TU GRUPO DE JÓVENES LUEGO DEL SUICIDIO DE UN ADOLESCENTE

INFORMA A TODA TU IGLESIA Y AL LIDERAZGO DE JÓVENES CON ANTELACIÓN. Comunícales los detalles y la información que será compartida con el grupo, así como la estrategia para cuando se le comunique al grupo.

COMUNÍCATE BIEN CON LOS PADRES. Avisa a los padres la hora y el lugar de reunión con tu grupo. Lo mejor es suspender la programación y reunirse la misma noche que normalmente te juntas con tu grupo. Haz esto justo después de la muerte del adolescente. Comunica tus planes a los padres vía correo electrónico, o a través de la página web de tu ministerio, o por cadena telefónica. Cuéntales a los padres que estarás tratando el tema de la muerte de un adolescente y que alentarás a tus chicos a juntarse y conversar con sus padres luego de terminada la reunión. Dales a conocer tu estrategia y tus expectativas para esta reunión con tu grupo. Cuéntales los hechos y permíteles estar involucrados si así lo desean.

HAZLES SABER A LOS PADRES QUE ESTA REUNIÓN LES DARÁ LA OPORTUNIDAD A LOS ADOLESCENTES PARA QUE, UNOS CON OTROS, PROCESEN DE MANERA FRANCA SUS PENSAMIENTOS Y SENTIMIENTOS. Explica que, para poder crear este tipo de clima, recomiendas que los padres no participen, pero sí que se reúnan con sus hijos después de la reunión. Diles a los padres que tendrás un equipo para crisis disponible para los chicos durante la reunión y en los días posteriores. Si un padre insiste en estar presente en la reunión, permite que lo haga, pero que se mantenga en la periferia de la reunión, listo para asistir si necesitas ayuda. En tu comunicación, a fin de que se muestren a los padres para estar sensibles y disponibles para sus hijos durante el resto de la tarde, para dejarlos y recogerlos antes y después de la reunión, y para que estén disponibles para llorar junto a ellos, escucharlos, reconocer el dolor de la muerte, y controlar el bienestar de su propio adolescente.

DALES A LOS ADOLESCENTES LOS HECHOS, TANTO COMO PERMITAN LOS PADRES DE LA PERSONA FALLECIDA.

Si se anda diciendo por ahí que la muerte del adolescente fue autoinfligida, y los padres de él están cómodos con el hecho de que tú hables sobre eso, entonces habla sobre la naturaleza del suicidio y los temas que pueden llevar a una persona a querer suicidarse. Este es un buen momento para llevar a cabo una prevención. Diles a los adolescentes que deben conversar sobre las cosas que están pasando y sintiendo con algún adulto de confianza que pueda ayudarlos a procesarlas. Haz comentarios claros, y no hagas de esta una oportunidad para dar un sermón acerca del suicidio. Tanto como sea posible, mantén el foco en el dolor que todo esto implica para los adolescentes que quedaron vivos. Otros datos que también deberías compartir son hora y fecha del funeral, maneras en que pueden ministrar a la familia, y formas que los adolescentes pueden utilizar para dirigir su dolor en una dirección positiva (como crear una página en memoria de, escribir una historia, crear un collage o un muro de fotografías, etc).

TEN UN EQUIPO DE CRISIS DISPONIBLE.

Todo ministerio de jóvenes debe contar con un equipo de crisis entrenado para ayudar a los adolescentes en la medida en que se necesite. A menudo, la muerte suicida de un adolescente es el impulso para crear este tipo de equipo. Estas personas deben estar a tu disposición para prestar su experiencia de inmediato si así fuera necesario. Los miembros de este equipo deben incluir: consejeros, profesores, personal médico y miembros del pastorado.

MANTÉN EN OBSERVACIÓN A LOS ADOLESCENTES DEPRIMIDOS Y EN RIESGO DE SUICIDIO COLECTIVO. Los padres necesitan ser notificados para que mantengan a su adolescente bajo observación si este está en riesgo.

PERMITE QUE LOS ADOLESCENTES HAGAN PREGUNTAS. Responde cualquier pregunta que puedan tener. Admite que puedes no estar autorizado para responder algunas preguntas por la privacidad que se le debe dar a la familia, o simplemente porque no tienes la respuesta. Si surgen preguntas teológicas, respóndelas lo mejor que puedas sin entrar en largos discursos teológicos. Recuerda también que está bien reconocer que no sabes o no comprendes cómo responder a una pregunta determinada o cómo tu teología encaja en la situación.

PERMITE QUE LOS ADOLESCENTES EXPRESEN SUS PENSAMIENTOS Y SENTIMIENTOS. Dales bastante tiempo para que hablen sobre cómo se sienten y sobre sus recuerdos, y para que compartan historias y luchas personales que surjan de esta situación. Ten en cuenta que pueden experimentar un rango de emociones que van desde la risa hasta el llanto desconsolado.

PERMITE QUE LOS ADOLESCENTES SE QUEDEN CUANTO TIEMPO QUIERAN Y QUE SIGAN CONVERSANDO. Este es el momento en que necesitas tener a tu equipo de crisis a disposición. Muchos adolescentes que tal vez estén en riesgo pueden tener la tendencia a sentirse abrumados y quedarse atrás. Otros pueden encontrar en este tiempo más intimidad para estar con sus amigos.

DESPUÉS DE LA REUNIÓN INICIAL, CREA MOMENTOS Y OPORTUNIDADES PARA QUE LOS ADOLESCENTES DE TU GRUPO PASEN TIEMPO JUNTOS,

SIN AGENDA NI PROGRAMAS. Alienta a los padres a que sus hijos inviten a otros adolescentes a sus casas. Anima a los adolescentes a que organicen sus propias reuniones. Cuando la muerte se presenta dentro de un grupo de jóvenes, ellos necesitan mucho tiempo para estar juntos, y especialmente si se trató de un suicidio. La comunión y la conexión entre ellos pueden sanar y llenar el vacío causado por la muerte.

3.4d TRATANDO CON EL DUELO PERSONAL

Cuando un adolescente muere repentinamente (ya sea un suicidio o no) el líder de jóvenes a menudo asume la función de ayudar, sosteniendo el rol de «ministro» para todos los que le rodean. Esto no suele dar mucho espacio para el dolor personal. Sin duda alguna, los líderes de jóvenes son afectados profundamente por la pérdida de un adolescente que estaba bajo su liderazgo, especialmente si se trata de un suicidio. Las siguientes son algunas pautas que te pueden servir:

NO ESCONDAS TUS SENTIMIENTOS. Muchas personas creen que si muestran sus emociones, entonces serán vistas como ayudantes débiles. A menudo, la «fortaleza» se comunica manteniéndose sin demostrar las propias emociones. Pero lo que realmente comunica el hecho de no mostrar emociones genuinas es apatía y falta de preocupación. Recuerda que con la muerte de Lázaro, Jesús se conmovió hasta las lágrimas... así que no tengas miedo de entristecerte.

LA MUERTE DE UN ADOLESCENTE POR SUICIDIO PUEDE HACER QUE, ASÍ COMO TUS CHICOS, TÚ TAMBIÉN TE CUESTIONES MUCHAS COSAS. Por lo tanto, debes encontrar algún confidente que escuche tus preguntas y te ofrezca un lugar seguro para que puedas hacer esas preguntas. De todos modos, date cuenta que algunas de tus preguntas no tendrán respuestas satisfactorias.

NO CUESTIONES TU EFECTIVIDAD.
Muchas veces los líderes de jóvenes dicen o piensan las mismas cosas que los padres del adolescente fallecido. Se preguntan cómo no lo vieron venir o cómo se perdieron las señales. Se preguntan por qué el adolescente no acudió a ellos con sus problemas. Necesitas recordar que echarte la culpa no cambia la situación.

PREPÁRATE PARA SOPORTAR EL DOLOR Y EL ENOJO DE ALGUNO DE LOS PADRES.
Ya expliqué el enojo y la culpa que sienten los padres cuando pierden un hijo debido al suicidio. El abuso verbal puede ser devastador si es dirigido hacia ti, aun más cuando tú también estás experimentando dolor y cuestionándote tu efectividad. En el calor del momento, los padres en duelo pueden decir cosas que son irracionales. Así que, si te ves sorprendido por la rabia de los padres:

- No lo tomes como algo personal. Esto será difícil de hacer, ya que el ataque puede estar dirigido directamente hacia ti, hacia tu trabajo, o hacia la calidad percibida de los cuidados que das a tus adolescentes. Recuerda que es el dolor y la rabia de los padres lo que está hablando. También recuerda que su culpa está desplazada por la rabia que sienten hacia sí mismos, ya que piensan que ellos han sido ineficaces.

- Si te es difícil sobreponerte a este abuso verbal, ¡NO DEJES EL MINISTERIO! Busca ayuda. Busca a un pastor /mentor que pueda compartir las luchas del ministerio contigo y contarte cómo él las superó. Habla con un consejero que te pueda ayudar a sobreponerte al trauma del suicidio y a las acusaciones de culpa.

- No intentes reconciliar la relación con los padres, por lo menos por un buen tiempo. Toma conciencia de que el dolor todavía se interpondrá entre ustedes, y los padres pueden llevar este dolor por muchos meses o incluso más. También puedes determinar que, aunque no logres reconciliar la relación, sí vivirás en un estado reconciliado. Esto significa que puedes ser clemente y cariñoso y abordar al padre dolido sin culpa, vergüenza ni hostilidad. Significa que puedes vivir con el entendimiento de que esta terrible situación ha herido profundamente a este padre, quien puede no ser capaz de dejar atrás su propia perspectiva.

TÓMATE TIEMPO PARA SANAR Y PARA LLORAR. Puede ser bueno para ti tomarte algún tiempo y encontrarte con algún líder espiritual o algún amigo que te pueda ministrar. Busca un lugar de refugio y relájate, escribe en un diario, haz luto y encuentra consuelo. Por otra parte, toma conciencia de que, luego de un tiempo de tristeza, tal vez no necesites soledad espiritual, ¡sino diversión! En este caso, date permiso para tomarte un tiempo y hacer algo divertido y emocionante. Esa puede ser la forma en que te reconectes con el gozo de la vida cristiana.

3.5 MEDIDAS DE PREVENCIÓN CONTRA EL SUICIDIO COLECTIVO

El Centro para el Control de Enfermedades de los EE.UU. ha diseñado un plan comunitario para la prevención y contención de suicidios colectivos. Este es un gran plan, pero necesita un iniciador. ¿Quién mejor para iniciar este plan comunitario que los líderes de jóvenes que aman y cuidan a los adolescentes de su comunidad? En la sección de «Recursos» de este libro encontrarás el link en la web que esboza este plan. Algunos de los puntos más importantes para hacer que este plan funcione son:

SI VAS A INICIAR ESTE PLAN, DEBES ACTUAR RÁPIDO Y CON DECISIÓN.
No esperes a ver si otra organización está tomando la iniciativa. Si tú inicias este plan y comienzas a reunir a las organizaciones en tu comunidad, lo más probable es que te encuentres con otros que tienen el mismo deseo o que ya han comenzado esta iniciativa.

RECUERDA QUE ESTA NO ES UNA OPORTUNIDAD PARA HACER QUE SE DESTAQUE TU IGLESIA.
Una iniciativa para combatir el suicidio se trata de mantener vivos a los adolescentes en tu comunidad. Involucra a cada iglesia y organización en tu comunidad que tenga contacto con adolescentes así como también con sus familias.

SOLICITA APORTES, RECURSOS Y EL LIDERAZGO DE MUCHAS ORGANIZACIONES DE LA COMUNIDAD.
Tu comité directivo debe representar una población diversa y múltiples perspectivas.

CONSIDERA EL TRAER A UN EXPERTO QUE PUEDA CONVERSAR CON TU EQUIPO, INFORMAR A LOS PADRES Y ENTRENAR A LOS LÍDERES DE LA COMUNIDAD Y A AQUELLAS PERSONAS QUE DESEMPEÑAN UN PAPEL IMPORTANTE EN LA VIDA DE LOS ADOLESCENTES. El dinero para este tipo de consultorías a menudo estará disponible si las organizaciones unen sus recursos. No temas pedirle a las organizaciones financiamiento para una emergencia.

INVOLUCRA A FUNCIONARIOS DEL DISTRITO ESCOLAR, POLICÍAS, BOMBEROS, PERSONAL DE RESCATE, IGLESIAS, CENTROS DE RECREACIÓN, CENTROS JUVENILES, U OTRAS ORGANIZACIONES COMO CLUBES, GRUPOS DE PADRES, ORGANIZACIONES ESTUDIANTILES, Y TAMBIÉN A HOSPITALES Y EQUIPOS MÉDICOS DE EMERGENCIAS, ADEMÁS DE A OTROS LÍDERES DE ADOLESCENTES QUE ESTÉN PREOCUPADOS.

SIGUE EL PLAN DE CERCA. Este no es momento para iniciar otros proyectos o distraerse con otras agendas.

SECCIÓN 4
Recursos para luchar contra la depresión y el suicidio adolescente

4.1 RECURSOS

4.1a ORGANISMOS

1. COMIENZA CON EL HOSPITAL LOCAL. Si los adolescentes están deprimidos o al punto de intentar un suicidio, deben buscar un tratamiento de urgencia en un hospital. Luego de ese momento crítico, podrán administrársele cuidados a largo plazo, y la familia podrá determinar quién atenderá ese cuidado y tratamiento.

2. SI LOS ADOLESCENTES ESTÁN DESESPERADOS Y PARECEN DISPUESTOS A MORIR, AL MEJOR NÚMERO AL QUE PUEDES LLAMAR ES AL 911 (O AL NÚMERO DE EMERGENCIAS DE TU PAÍS).

3. HAY VARIOS NÚMEROS TELEFÓNICOS PARA LA PREVENCIÓN DEL SUICIDIO. Deberías poner estos números a la vista para que los adolescentes sepan que la ayuda está disponible. Todas estas líneas son totalmente gratuitas, y son atendidas por profesionales entrenados las 24 horas del día, los 7 días a la semana. Las llamadas son anónimas y confidenciales. Estas líneas pueden dar ayuda inmediata al adolescente que está sufriendo.

Algunas líneas telefónicas de urgencia para la prevención del suicidio en los EE.UU. son las siguientes (por favor averigua cuáles son las que existen en tu país, y tenlas agendadas):

- Línea Nacional de Prevención del Suicidio: 1-800-SUICIDE (782- 2433)
- Red Nacional de Esperanza: 1-800-273-TALK (8255)
- Línea Nacional de Prevención del Suicidio (para sordos): 1-800-799-4889

- **Compassionate Friends (Amigos Compasivos):** La misión de esta organización es asistir a las familias y encaminarlas hacia una resolución positiva del dolor posterior a la muerte de un hijo de cualquier edad, así como también proveer información para ayudar a otros a ser de apoyo. Su sitio web es: http//www.compassionatefriends.org

- **«The Jason Foundation, Inc.» (La Fundación Jason):** Produce material educativo que puede ayudar si decides hacer algún entrenamiento de prevención con los adolescentes. La misión de esta organización es la siguiente: «The Jason Foundation, Inc. (JFI) es una organización educativa dedicada a la toma de conciencia y prevención del suicidio juvenil. La JFI cree que la toma de conciencia y la educación son los primeros pasos para la prevención. Queremos establecer un Triángulo de Prevención, proporcionando herramientas y recursos a estudiantes, padres y profesores/líderes de jóvenes para que tengan más posibilidades de identificar y ayudar a la juventud en riesgo. Esto se lleva a cabo a través de una serie de programas y servicios que se enfocan en la información sobre la toma de conciencia y la prevención del suicidio juvenil». Puedes encontrar su material en el sitio web: http://www.jasonfoundation.com

4.1b RECURSOS EN LÍNEA

1. EL CENTRO PARA EL CONTROL DE ENFERMEDADES DE LOS EE.UU.:

El CDC ha publicado un plan de acción para ayudar en la prevención y contención de suicidios colectivos en una comunidad. Los ministerios de jóvenes en las iglesias debieran llevar la delantera en conocer y desarrollar este plan en sus comunidades. Puedes encontrar el documento (en inglés) en: http://www.cdc.gov/mmwr/preview/mmwrhtml/00001755.htm

2. LA «AMERICAN FOUNDATION FOR SUICIDE PREVENTION» (FUNDACIÓN NORTEAMERICANA PARA LA PREVENCIÓN DEL SUICIDIO):

Es «una organización nacional sin fines de lucro que está exclusivamente dedicada a comprender y prevenir el suicidio a través de la investigación, la educación y el apoyo, y alcanzando a personas con discapacidades mentales y a aquellas impactadas por el suicidio». Su sitio web (en inglés) es: http://www.afsp.org

3. LAST MEMORIES (ÚLTIMAS MEMORIAS):

Este sitio web (¡disponible en español!) provee recursos gratis para crear una página en línea en memoria de alguien. Puede ser un lugar estupendo hacia el cual dirigir a los adolescentes que necesitan procesar su duelo de forma creativa. Su dirección en internet es: http://www.last-memories.com

4.1c LIBROS Y MATERIALES IMPRESOS

Una pena observada, de C.S. Lewis: Este libro puede ayudar a trabajar el dolor de los adolescentes mayores o de los líderes de jóvenes. Lewis escribió este pequeño libro como una serie de notas y escritos en un diario luego de que su esposa muriera.

Has cambiado mi lamento en danza, de Herni Nouwen: Este libro ofrece una mirada rica, contemplativa y teológica sobre el dolor y la muerte. Es bueno para líderes de jóvenes y puede servir también para adolescentes maduros.

When Nothing Matters Anymore [Cuando ya nada importa]: Este libro (disponible solo en inglés) es una guía de supervivencia para los adolescentes deprimidos. Está escrito por Beverly Cobain, una prima del fallecido Kurt Cobain, y está dirigido especialmente a los adolescentes deprimidos. Aun cuando no está escrito desde una perspectiva cristiana, ofrece una excelente percepción y algunos útiles ejercicios para que trabajen los adolescentes deprimidos.

How I Stayed Alive When My Brain Was Trying to Kill Me: One Person's Guide to Suicide Prevention [Cómo me mantuve viva cuando mi cerebro trataba de matarme: Guía personal para la prevención del suicidio], de Susan Blauner: Este libro (disponible solo en inglés) está enfocado a ayudar a los adolescentes a sobreponerse a la ideación suicida a través de una serie de ejercicios orientados a encontrar esperanza.

Adolescent Depression: A Guide for Parents [Depresión Adolescente: Una guía para padres], de Francis Mark Mondimore, M.D: Este libro (disponible solo en inglés) puede ayudar a los padres a comprender el componente fisiológico de la depresión adolescente. El Dr. Mondimore ofrece una exhaustiva guía y una explicación sobre varios antidepresivos utilizados en adolescentes y cómo funcionan estos medicamentos.

NOTAS

1. http://www.4therapy.com/consumer/life_topics/article/4252/110/When+Young+Kids+or+Teens+Suffer+With+Depression...

2. Véase: http://www.pubmedcentral.nih.gov/articlerender.fcgi?artid=1414751#B3

3. Véase: http://www.who.int/mental_health/media/en/62.pdf

4. Véase: http://www.wma.net/e/policy/a9.htm

5. Centro para el Control de Enfermedades de los Estados Unidos, Web-based Injury Statistics Query and Reporting System (WISQRS); un sistema de base de datos interactivo que ofrece informes personalizados sobre los datos relacionados con estas lesiones. Véase: http://www.cdc.gov/injury/wisqars/index.html

6. Véase: http://webappa.cdc.gov/sasweb/ncipc/leadcaus.html

7. Véase: http://www.surgeongeneral.gov/library/calltoaction/fact3.htm

8. Véase: http://www.cdc.gov/ViolencePrevention/pdf/Suicide-DataSheet-a.pdf

9. El duelo complicado es explorado y explicado con más detalle en otro libro de esta serie, *¿Qué hacer cuando... los adolescentes lidian con la muerte? (N. del T.: No disponible aún en español)*

10. Para más sobre el abuso, véase otro libro de esta serie, *¿Qué hacer cuando... los adolescentes enfrentan el acoso escolar y la violencia? (N. del T.: No disponible aún en español)*

11. Tonja R. Nansel, Mary Overpeck, Ramani S. Pilla, W. June Ruan, Bruce Simons-Morton, and Peter Scheidt, *Bullying Behaviors*

Among US Youth: Prevalence and Association With Psychosocial Adjustment [Conductas de acoso entre los jóvenes en EE.UU.: Prevalencia y relación con el ajuste psicosocial], Revista de la Asociación Médica Americana 285, no. 16 (2001), /pp. 2094-2100, http://jamaAmaassn.org/cgi/content/abstract/285/16/2094 (página visitada el 14/03/09).

12. Para más información sobre el acoso escolar y la violencia adolescente, consulte el libro de esta serie: *¿Qué hacer cuando... los adolescentes enfrentan el acoso escolar y la violencia? (N. del T.: No disponible aún en español).*

13. Véase:http://suicideandmentalhealthassociationinternational.org/suiconclust.html

14. Véase el libro de esta serie titulado *¿Qué hacer cuando... los adolescentes lidian con la muerte? (N. del T.: No disponible aún en español)* para más detalles y mayor comprensión sobre cómo la muerte de un adolescente afecta a los padres y otros familiares.

*Nos agradaría recibir noticias suyas.
Por favor, envíe sus comentarios sobre este libro a
la dirección que aparece a continuación.
Muchas gracias.*

Editorial Vida®
.com

*vida@zondervan.com
www.editorialvida.com*